JN098508

学校法人 税務入門

税制のしくみと処理がよくわかる

公認会計士・税理士
齋藤力夫　公認会計士・税理士
小栗一徳 [著]

税務経理協会

はしがき

　学校法人等公益法人に対する税制の初期は，第二次世界大戦による日本の国土荒廃，企業倒産，さらに深刻なインフレに見舞われて混乱を極める中，占領軍アメリカの当時の税制を見本として創設されました。しかし，たびたび改正され，安定せず混乱していました。

　その後，昭和24年に来日したアメリカのシャウプ使節団の本格的な改正を基礎とした恒久的安定的な税制の改革案により，直接税を中心とした近代的な税制改革が行われました。シャウプ勧告に盛られた公益法人課税に関する勧告の考え方は現在に至るまで変わらず，現在の税制の基本であり続けています。

　人口減，少子高齢化の進展の中，私立学校を取り巻く環境は益々厳しくなってきています。2018年に生まれた子供の数は91万人と3年連続で100万人を割り，一人の女性が生涯に産む子供の数に当たる合計特殊出生率は1.42となりました。18歳人口は1992年の205万人をピークに一貫して下がり続け，2040年には88万人にまで減少すると推計されています。このような中で日本経済の活力を将来にわたって維持することなどを目的に，国は様々な施策を投入し，令和元年10月からの消費税増税の財源等をもとに，子育て世代に対しては，幼児教育・保育の無償化制度の導入，私立高校の授業料に対する補助額の上限の引き上げ(授業料の実質無償化)，高等教育に関しては修学新支援制度を導入することになりました。

　平成31年1月7日に大学設置・学校法人審議会学校法人分科会学校法人制度改善検討小委員会から，「学校法人制度の改善方策について」が公表され，わが国の教育に大きな役割を担う私立学校が，今後も社会からの信頼と支援を得て重要な役割を果たし続けるため，学校法人の自律的で意欲的なガバナンスの改善や経営の強化の取組み，情報公開を促すとともに，学生が安心して学べ

る環境の整備を含めた改善方策が検討されています。併せて私立学校法が改正され，令和2年4月1日から施行される予定です。

　そのような背景のもと，今回，改めて学校法人の税務入門としてその制度に概括的な検討を行い，学校法人の運営に関わる皆様の日常的な業務に役立つことを強く期待して本書を発刊するに至りました。

　主な内容・特長は，以下のとおりです。
- 　主に学校法人の税務に初めて携わる実務担当者等を対象にして，税務全般を広く網羅的に取り上げています。
- 　大学設置法人のみならず，幼稚園，認定こども園から，高等教育の新修学支援制度，幼児教育保育の無償化制度まで，税務以外の派生論点も広く取り上げています。

　また，会計・税務を理解する前に，制度の導入背景や，制度体系を理解することが重要であるため，その点についても記述することを心掛けました。

　当該書籍が学校法人等の実務に携わる方々のお役に立つことができれば幸いです。
　本書の内容のうち意見にわたる部分には，筆者の個人的見解が含まれており，文責は全て筆者にあることをお断りしておきます。

最後になりましたが，本書の発行に際して粘り強く編集の労をとっていただいた税務経理協会編集第1グループ部長の小林規明氏，そして本書をお取りいただいた読者の皆様の厚く感謝申し上げます。

令和2年2月

公認会計士・税理士　齋藤　力夫
公認会計士・税理士　小栗　一徳

目　次

はしがき

第5章

学校法人等への寄附金等に係る税務

第6章

その他の税金

第9章

裁決事例・判例

【凡例】

法法………………………………	法人税法
法令………………………………	法人税法施行令
法規………………………………	法人税法施行規則
所法………………………………	所得税法
所令………………………………	所得税法施行令
所規………………………………	所得税法施行規則
消法………………………………	消費税法
消令………………………………	消費税法施行令
消規………………………………	消費税法施行規則
措法………………………………	租税特別措置法
措令………………………………	租税特別措置法施行令
措規………………………………	租税特別措置法施行規則
相法………………………………	相続税法
地法………………………………	地方税法
地令………………………………	地方税施行令
印法………………………………	印紙税法
所基通……………………………	所得税基本通達
法基通……………………………	法人税基本通達
消基通……………………………	消費税法基本通達
印基通……………………………	印紙税法基本通達
措通………………………………	租税特別措置法通達

本書は，令和元年12月1日現在の法令等に基づいて編集しています。

第1章

学校法人に係る税務の概要

1　学校法人に係る税制改正

1　戦前の税制

　昭和20年前の戦前のわが国の税制では，法的には学校法人，公益法人等に対する課税義務の定めはなく，税制の対象外とされていました。明治政府では，民法改正後の明治35年（1902年）に帝国議会に提出された「地租ヲ課セサル土地ニ関スル法律案」において，「御陵墓地」及び「神社建物アル遥拝所，寺社，仏堂及び祠宇ノ境内地ニシテ借地ニ非サルモノ」に加え，「公益ノ為営利ヲ目的トセス直接ニ祭祀，宗教，教育，学芸，慈善ノ用ニ供スル土地ニシテ借地ニ非サルモノ但シ其ノ事業ノ管理又ハ監督ノ為ニ非スシテ住居ト共用スルモノハ此ノ限ニ非ラス」として非課税とすることを明確にしておりました。

2　シャウプ勧告の税制改正の経緯

　昭和21年11月に日本国憲法が公布，昭和22年5月に施行されて，①教育を受ける義務，②勤労する義務，③納税義務，三大義務が定められました。翌年（昭和22年）には③の納税義務について，国，地方団体等が納めるべき金額を計算して，納税者に通知する賦課課税制度（固定資産税・自動車税・不動産取得税）と納税者が自主的に自分の所得や税額を計算して申告・納税する申告納税制度（所得税・法人税・相続税・贈与税）が導入されました。

　この申告納税制度には，確定申告を行う際に，複式簿記等の記帳する方法に

基づいて申告をする青色申告制度が導入されました（昭和24年8月に発表された日本税制報告書に基づいて施行）。

　昭和24年のシャウプ勧告は，連合国軍最高司令官の要請により，昭和24年5月10日に来日したカール・シャウプ博士を中心とする使節団により作成され，同年9月15日に日本税制提案は，昭和24，25年の税制改正においてその勧告内容の多くが実現し，現在までの日本税制に大きな影響を与えています。

　シャウプ勧告の理念は，恒久的，安定的な税制を確立し，直接税を中心とした近代的な税制を構築することでした。

　公益法人等に対して収益事業課税が拡大される契機となったのは，昭和24年（1949年）8月のシャウプ勧告に盛られた公益法人課税に関する勧告でありました。このシャウプ勧告を受けて行われた昭和25年（1950年）3月の法人税法改正（法律第72号）が施行されました。第5条で民法第34条の規定により設立した法人，宗教法人並びに学校法人及び私立学校法第64条第4項の規定により設立した法人は，法人の所得で収益事業から生じた所得以外の所得に対しては，各事業年度の所得に対する法人税は，これを課さないとされています。収益事業とは，学校法人を含む公益法人において教育たる公益活動のほかに関係して行う日本標準産業分類（平成25年10月改訂総務省告示第405号）に規定される事業であり，学校会計と区分し，特別会計として経理しなければなりません（私立学校法26条）。

　この会計は学校法人の基本金に組み入れることはできません。

2　海外の税制の現況　米国の「非営利法人法」の制定と現況

　米国では，非営利団体の法人格取得については，各州の法律によって規定されています。非営利団体に対する税制優遇措置は，主に連邦政府の内国歳入法によって規律されています。もちろん各州税法にも規定されていますが，一般

に州税よりも連邦所得税率の方が高く，税制優遇については連邦法での取扱いに倣う事例が多いこともあって，連邦税法の影響が多大です。

　カリフォルニア州では，1978年に「非営利法人法」が制定され，1980年から施行されています。同州の非営利法人は①非営利公益法人，②非営利共益法人，③非営利宗教法人に分類されています。これらの区別の基準には，「設立目的の相違」，「解散時に残余財産を会員に分配できるか」，「理事に条件が付けられるか」，「州司法長官への関係書類の提出義務」等があります。

　ニューヨーク州では，1969年に「非営利法人法」が制定され，1970年から施行されています。非営利法人の種類は，目的によって4つに分類されます。

　1つ目の「タイプA法人」は，非営利目的で会員のために設立されるもので，大学の同窓会，労働組合，政党，スポーツクラブ，同業者団体が該当します。2つ目の「タイプB法人」は，非営利目的で慈善，教育，宗教，化学，文芸，文化，児童及び動物虐待の保護等を目的とする法人です。3つ目の「タイプC法人」は，合法的に収益事業ができる公的又は準公共的な団体です。得られた収益については，関係者間で分配することができません。4つ目の「タイプD法人」は，宗教法人等特別法による法人です。これらの法人については，法で認められている場合を除いて，収益や資産を役員や会員に分配することができません。

　以上4種類の中で，伝統的な公益目的の団体に分類されるのは「タイプB法人」になります。

公益法人制度の国際比較

	非営利団体の類型	公益性の基準と判断	税制優遇
英国（England and Wales）	・有限責任会社【会社法】 ・法人格なき社団 ・信託 〔他に非営利団体として，互助団体，職能・共済組合（provident society），住宅協会等〕	Charity 法 【Charity 委員会への charity 登録】〔ただし伝統ある大学など登録対象外。charity，ボーイスカウトなど登録免除の charity あり〕	別途税法の定めとその下の慣行
アメリカ合衆国	・非営利法人【各州の非営利法人法（又は会社法）】〔各州当局への登録〕 ・法人格なき社団〔学会，専門職業資格者団体，クラブの多くはこの形態で連邦税免除を受けている〕 ・信託〔この形式の財団は多い〕	法人法制としては左，税制優遇については右〔コモンローの伝統である charity 概念を共有。例えば連邦内国歳入法 501 (C) (3)は連邦所得税の免除対象として charitable 団体を規定〕	連邦内国歳入法【Form1023 提出により内国歳入庁が認定】〔Public Charity と Private Foundation の区分等〕 各州税法〔税制優遇は，連邦税法の扱いがリード〕
ドイツ	・登録社団【連邦民法】〔公証人による認証と区裁判所への登録〕 ・財団【実質は連邦民法から各州財団法に委任】〔各州が許可〕	連邦租税通則法【地方税務当局（公益，慈善，協会支援に該当するかどうか判断）】	連邦租税通則法及び同規則に基づき，州税務署が判断する。

フランス	·社団【1901年7月1日法】 ·財団【1987年メセナ振興法,1990年企業財団法により，国務院のデクレで認可】 〔他に非営利団体として，共済組合，協同組合，労働組合〕	同左	別途税法の定め

（出典：公益認定等委員会事務局編集「公益法人制度の国際比較概略」）

3　他の公益法人との比較　公益法人等の課税関係

　公益法人等の課税関係を大雑把にまとめた表は以下のとおりです（「公益法人などに対する課税に関する資料」財務省ホームページより）。

　学校法人，社会福祉法人は，他の公益法人等と同様，その行う事業の公益性から，収益事業から生じた所得のみが課税の対象とされ，それ以外の所得は課税の対象から除外される等の措置が講じられています。

公益法人などの主な課税の取扱い

	公益社団法人 公益財団法人	学校法人 更生保護法人 社会福祉法人
根拠法	公益社団法人及び公益財団法人の認定等に関する法律	私立学校法 更生保護事業法 社会福祉法
課税対象	収益事業から生じた所得にのみ課税 ただし,公益目的事業に該当するものは非課税	収益事業から生じた所得にのみ課税
みなし寄附金 (注2) ※損金算入限度額	あり ※次のいずれか多い金額 ①所得金額の50% ②みなし寄附金額のうち公益目的事業の実施に必要な金額	あり ※次のいずれか多い金額 ①所得金額の50% ②年200万円
法人税率 (所得年800万円までの税率) (注3)	23.2% (15%)	19% (15%)
寄附者に対する優遇 (注4)	あり	あり

(出典:『学校法人会計のすべて(第3版)』齋藤力夫 編著(税務経理協会))
(注1) 非営利型の一般社団法人・一般財団法人:①非営利性が徹底された法人,②共益的活動を目的とする法人
(注2) 収益事業に属する資産のうちから収益事業以外の事業(公益社団法人及び公益財団法人にあっては「公益目的事業」,認定NPO法人にあっては「特定非営利活動事業」)のために支出した金額について寄附金の額とみなして,寄附金の損金算入限度額の範囲内で損金算入

宗教法人 独立行政法人 日本赤十字社　等	認定 NPO 法人 特例認定 NPO 法人	非営利型の 　一般社団法人 　一般財団法人(注1) NPO 法人	一般社団法人 一般財団法人
宗教法人法 独立行政法人通則法 日本赤十字社法等	特定非営利活動促進法	一般社団法人及び一般財団法人に関する法律（法人税法） 特定非営利活動促進法	一般社団法人及び一般財団法人に関する法律
収益事業から生じた所得にのみ課税	収益事業から生じた所得にのみ課税	収益事業から生じた所得にのみ課税	全ての所得に対して課税
あり ※所得金額の 20%	あり （特例認定NPO法人は適用なし） ※次のいずれか多い金額 　①所得金額の50% 　②年 200 万円	なし	なし
19% （15%）	23.2% （15%）	23.2% （15%）	23.2% （15%）
あり （宗教法人等を除く）	あり	─	─

(注3)　平成 31 年 4 月 1 日から令和 3 年 3 月 31 日までの間に開始する各事業年度に適用される税率
(注4)　特定公益増進法人に対する寄附金については，一般寄附金の損金算入額とは別に，特別損金算入限度額まで損金算入
　　　　一般寄附金の損金算入限度額：(資本金等の額の 0.25% ＋所得金額の 2.5%)×1/4
　　　　特別損金算入限度額：(資本金等の額の 0.375% ＋所得金額の 6.25%)×1/2

第 2 章

法人税（収益事業課税）

　株式会社等の営利法人については，全ての所得に課税することとされていますが，学校法人等の公益法人については，一定の収益事業から生ずる所得についてのみ課税することとされています。

　法人税法上収益事業は，「販売，製造業その他の政令で定める事業で，継続して事業場を設けて行われるもの」(法法2条13号)であると規定されています。

　つまり，学校法人等の公益法人が「政令で定める事業」を，「継続して」かつ「事業場を設けて」行っている場合にのみ法人税の課税が生じ，これらの条件に該当しない場合には課税されません。

　なお，公益社団法人又は公益財団法人が行う公益目的事業は収益事業から除かれています（法令5条2項1号）。

1　収益事業課税の概要

1　法人税が課税される政令で定める事業

　政令で定める事業とは，法人税法施行令第5条第1項に列挙されている次の34業種を指します。なお，私立学校法上の収益事業と法人税法上の収益事業とを比較した表は以下のとおりです。

学校法人の収益事業の種類（平成 20 年文部科学省告示第 141 号）

私立学校法上の収益事業	法人税法上の収益事業
第2条　収益事業の種類は，日本標準産業分類（平成25年総務省告示第405号に定めるもののうち，次に掲げるものとする。	法人税が課税される政令で定める事業 　政令で定める事業とは，法人税施行令第5条に列挙されている次の34業種をいう。

私立学校法上の収益事業

1　農業，林業
2　漁業
3　鉱業，採石業，砂利採取業
4　建設業
5　製造業（「武器製造業」に関するものを除く。）
6　電気・ガス・熱供給・水道業
7　情報通信業
8　運輸業，郵便業
9　卸売業，小売業
10　保険業（「保険媒介代理業」及び「保険サービス業」に関するものに限る。）
11　不動産業（「建物売買業，土地売買業」に関するものを除く。），物品賃貸業
12　学術研究，専門・技術サービス業
13　宿泊業，飲食サービス業（「料亭」，「酒場，ビアホール」及び「バー，キャバレー，ナイトクラブ」に関するものを除く。）
14　生活関連サービス業，娯楽業（「遊戯業」に関するものを除く。）

法人税法上の収益事業

1	物品販売業	2	不動産販売業
3	金銭貸付業	4	物品貸付業
5	不動産貸付業	6	製造業
7	通信業	8	運送業
9	倉庫業	10	請負業
11	印刷業	12	出版業
13	写真業	14	席貸業
15	旅館業		
16	料理店業その他飲食店業		
17	周旋業	18	代理業
19	仲立業	20	問屋業
21	鉱業	22	土石採取業
23	浴場業	24	理容業
25	美容業	26	興行業
27	遊技所業	28	遊覧所業
29	医療保健業	30	技芸教授業等
31	駐車場業	32	信用保証業
33	無形財産権提供業		
34	労働派遣業		

ここに列記した34業種は，限定列挙であるから，これ以外の事業，例えば，農業，水産業などは，法人税法のうえでは収益事業に該当しない。

15　教育,学習支援業	
16　医療,福祉	
17　複合サービス事業	
18　サービス業（他に分類されないもの）	

(注)　都道府県は，それぞれの所轄庁の告示によるので参考にされたい。

2　収益事業に付随する行為

　学校法人等が収益事業を営むにあたって，その性質上事業に付随して行われる行為も，その収益事業に含まれます（法令5条1項）。

　「その性質上，事業に付随して行われる行為」とは，例えば次に掲げる行為のように，通常その収益事業に係る事業活動の一環として，又はこれに関連して行われる行為をいいます（法基通15-1-6）。

① 　出版業を行う学校法人等が，その出版事業に関係した講演会を開催したり，その出版物に掲載する広告の引受けをした場合には，これらの行為は出版業に含まれます。

② 　技芸教授業を行う学校法人等が，その技芸教授業に係る教科書その他これに類する教材の販売をしたり，バザーを開催したりする場合には，技芸教授業に含まれます。

　　学校法人等が，教科書や教科書に類する参考書，問題集等を販売したり，年1,2回程度のバザーを開催したりすることは，原則として収益事業には含まれません（法基通15-1-10）。しかし，収益事業に該当する技芸の教授業を営む学校法人等がその収益事業に該当する技芸の教授業に関連して，上記のような行為を行った場合には，それらの行為は全て収益事業である技芸教授業に含まれることになります（法基通15-1-6(2)）。

③ 　旅館業又は料理店業を行う学校法人等が，その旅館等において行う会議等のために行った席貸しは，旅館業又は飲食店業に含まれます。

❸ 資金の運用収入

　学校法人等が収益事業から生じた所得を預金や有価証券等に運用し，その運用から生じた利息や配当金は，収益事業の収入に含まれます。しかし，収益事業から生じた所得を運用した預金や有価証券であっても，それが収益事業を運営するために通常必要とする範囲の額を超える余裕資金であり，その預金や有価証券を収益事業以外の資産として区分経理している場合には，その区分経理をした預金や有価証券から生じた利息や配当金は収益事業の収入に含めないことができます（法基通 15 - 1 - 7）。

❹ 固定資産の処分損益

　学校法人等が収益事業の用に供する固定資産等を処分する行為は，収益事業の付随行為になります。したがって，収益事業の用に供している諸設備を売却して得た利益は所得に加算され，売却による損失又は除却による損失は所得から控除されることになります。

　しかし，次のような場合の固定資産の処分損益は，当該資産が収益事業に属するものであっても，収益事業の所得計算に含めないでよいとされています（法基通 15 - 2 -10）。

①　相当期間（概ね 10 年）にわたり固定資産として保有していた土地（借地権を含む）・建物又は構築物の譲渡又は除却による損益

　　学校法人等に関する法人税は，法人税法施行令第 5 条第 1 項に列挙された 34 業種の収益事業から生ずる所得についてだけ課税されるものです。相当期間保有していた不動産を売却して得た利益は，保有期間の不動産の値上がりによる利益，キャピタル・ゲインであると考えられ，収益事業の活動から生じた利益ではありません。したがって，当該不動産が収益事業に使用されていたものであっても，概ね 10 年以上保有していた場合は法人税の課税対象となりません。

②　収益事業の全部又は一部を廃止した場合，その廃止した収益事業に係る固定資産の譲渡又は除却等による損益も，収益事業の所得計算に含まないでよいこととされています。

5　委託契約等による事業

　課税対象となる収益事業は，学校法人等が法人税法施行令第5条第1項に列挙された事業を「継続して事業場を設けて行う」ことが要件とされています。しかしながら，学校法人等が，自らは事業場を持たずに，委託契約，組合契約又は信託契約によって，事業を他の者にさせ，当該事業から生じた収益の分配等を受ける場合には，実質的に収益事業を行っているのと何ら変わらない成果が上がります。

　そこで法人税法では，学校法人等がこのような委託契約等を結んでいる場合には，当該法人が自ら収益事業を行っているものとして取り扱うこととされています（法基通15‑1‑2）。

6　非課税となる収益事業

　学校法人等が法人税法施行令第5条第1項に列挙された収益事業を行う場合であっても，身体障害者等が全従業者の半数以上を占め，かつ，その事業がこれらの者の生活の保護に寄与している場合等には，その事業は収益事業に含まれないこととされています（法令5条2項）。

2 各収益事業の取扱い

1 物品販売業

(1) 物品販売業の範囲

❶ 農産物，畜産物等の販売

学校法人等が自己の栽培，採取，捕獲，飼育，繁殖，養殖によって取得した農産物等（畜産物，林産物，水産物等も含む）の販売は，次のように取扱います（法基通15‐1‐9）。

　ア　その農産物などを，そのまま，又は加工を加えた上で，直接不特定又は多数の者に販売する行為は，物品販売業として課税対象になります。

　イ　その農産物などを，そのまま，又は出荷のために最小限必要とされる簡易な加工を加えた状態で，特定の集荷業者等に売り渡すだけの行為は，物品販売業に該当せず課税されません。

❷ 通常物品といわないもの

物品販売業の対象となるものには，動植物その他通常物品といわないものも含まれます。この例として，郵便切手，収入印紙，物品引換券などの販売も物品販売業の対象となります。ただし，有価証券や手形の売買は該当しません（法基通15‐1‐9）。

❸ 会員等に対する物品の頒布

会員等に対して有償で物品の頒布を行っている場合でも，その行為がその物品の用途，頒布価額などからみて専ら会員等からその事業規模などに応じて会費を徴収する手段として行われているものと認められるときは，実態に即して物品販売業に該当しません。

(2)　物品販売業の範囲

❶　教科書その他これに類する教材の販売

　学校法人等が行う教科書その他これに類する教材の販売は，収益事業に該当しません（法基通15‐1‐10(2)）。

　「教科書その他これに類する教材」とは，教科書，参考書，問題集等であって，学校の指定に基づいて授業において教材として用いるために，その学校の学生，生徒等を対象として販売されるもの(同通達(注))と定義されています。したがって，授業において使用しない参考書など，任意に学生生徒に販売している場合には，ここでいう教科書等には該当せず，課税対象となります。

　同じ学校法人等であっても，収益事業に該当する「技芸教授業」を行っている場合，その技芸教授業に付随して行う教科書その他これに類する教材の販売は，技芸教授業に含めて課税対象となります（法基通15‐1‐6）。

　例えば，幼稚園などの指定に基づいて教育・保育中において教材として用いる絵本，ワークブックは，学校法人等が行う教科書その他これに類する教材の販売に該当し，物品販売業に当たらず，法人税は課されませんが，園児以外の一般の方への販売や，本来の教育事業に使用しない絵本等の販売は物品販売業に該当します。

❷　文房具，布地，ミシン等の販売

　学校法人等が行うノート，筆記用具などの文房具，布地，糸，編糸，食料品などの材料又はミシン，編物機械，厨房用品などの用具の販売は，たとえこれらの物品が学校の指定に基づいて授業に用いられるものであっても，物品販売業として課税対象となります（法基通15‐1‐10(3)）。

　例えば，幼稚園などで用いられる工作道具や文房具・楽器・道具箱などが該当します。ただし，物品の頒布のうち原価（又は原価に所要の経費をプラスした程度の価格）によることが明らかな場合には収益事業から除くことも可能です。

❸　制服，制帽等の販売

　学校法人等が行う制服，制帽等の販売は，物品販売業に該当します（法基

通 15－1－10 ⑷）。これに類する通学鞄，靴，ネクタイ，運動衣なども含まれます。ただし，物品の頒布のうち原価（又は原価に所要の経費をプラスした程度の価格）によることが明らかな場合には収益事業から除くことも可能です。

なお，文房具，制服等を学校法人等が直接販売せず，外部の業者にこれを製作，販売させ，業者から販売手数料や謝礼金等を受け取るときは，「物品販売業」又は「仲立業」として収益事業に該当します。

❹ バザーによる物品販売

学校法人等が行うバザーで年1，2回開催される程度のものは，物品販売業に該当しません（法基通 15－1－10 ⑸）。学校法人等が収益事業に該当する技芸教授業を行い，その技芸教授業に関連して開催したバザーは，当該技芸教授業の付随行為となり課税の対象となります（法基通 15－1－6）。

② 不動産販売業

収益事業となる不動産販売業とは，不動産の販売を業とするもの（特定法人（業務が地方公共団体の管理下で運営されているもの）等が行うものを除く）をいいます。

学校法人等が不動産を譲渡した場合，その譲渡行為が販売行為なのか，又は，不動産処分行為なのかが常に問題になります。販売行為とは，不動産である土地，建物等を不特定又は多数の者に反復して又は継続して譲渡することであり，収益事業に該当します。一方，不動産の処分行為とは，学校法人等が固定資産として所有していた土地建物等を，資金繰りその他の都合で譲渡することで収益事業には該当しません。

③ 金銭貸付業

収益事業とされる金銭貸付業には，消費貸借契約によって金銭を貸し付ける業務のほか，手形の割引業務も含まれます。また，不特定又は多数の者を対象とした貸付けに限らず，特定の者又は少数の者を対象とした場合にも該当しま

す（法基通 15 - 1 -14）。

　前述のように，学校法人等の行う金銭の貸付けは，特定又は少数の者に対する貸付けであっても収益事業に該当しますので，当該法人の組合員又は会員等の構成員（教職員等）だけを対象とした金銭の貸付けである場合も，原則として収益事業に該当します。しかし，法人の構成員が拠出した資金を，低利で，その構成員に貸し付けている場合には，あえて課税しなくても一般営利企業との課税の公平が害されることもないので，収益事業には該当しないとされています。

　すなわち，①組合員，会員等の拠出に係る資金を主たる原資とし，②当該組合員，会員を対象とした金銭の貸付けで，③その貸付金の利率が全て年 7.3％（契約日の属する年の租税特別措置法第 93 条第 2 項に規定する特例基準割合が年 7.3％未満である場合には，当該特例基準割合）以下であるときは，収益事業の金銭貸付業に該当しません（法基通 15 - 1 -15）。

④　物品貸付業

　学校法人等の収益事業に該当する物品貸付業には，通常の物品のほか，動物や植物の貸付業も含まれます。

　物品の貸付けは，他の業種に付随して行われる場合には，物品貸付に対する料金を収受していても物品貸付業には該当せず，例えば，旅館におけるテレビ，麻雀等の遊具の貸付けは旅館業に含まれ，遊園地における貸ボート等は遊技所業に含まれます（法基通 15 - 1 -16）。

⑤　不動産貸付業

　学校法人等の行う不動産貸付業のうち，次のもの以外の不動産貸付が収益事業の対象とされます（法令 5 条 1 項 5 号）。

①　国又は地方公共団体に対し直接貸し付けられる不動産の貸付業

②　主として住宅の用に供される土地の貸付業で，その貸付けの対価が低廉
　　であることの他財務省令で定める要件を満たすもの
③　特定法人，日本勤労者住宅協会，社会福祉法人，民間都市開発推進機構，
　　独立行政法人農業者年金基金，商工会等，独立行政法人中小企業基盤整
　　備機構が行う特定の不動産貸付業及び宗教法人又は公益社団法人若しく
　　は公益財団法人が行う墳墓地の貸付業

　また，不動産貸付業には，単に土地や建物を貸すことの他に，店舗の一画を
他の者に継続的に使用させるいわゆる「ケース貸し」及び広告等のために建物
の屋上，壁面等を貸し付ける行為も含まれます（法基通15‐1‐17）。

⑥　製造業

　学校法人等の収益事業に該当する製造業とは，通常の物品の製造業のほか，
電気又はガスの供給業，熱供給業及び物品の加工修理業を含みます。
　農業，林業又は水産業等が収益事業に該当しないということは，■物品販売
業の項でも述べたとおりですが，学校法人等が自ら栽培等により取得した農産
物等であっても，製造場，作業場等の施設を設けて，出荷に最小限必要とされ
る簡易な加工の程度を超える加工を加え，又は取得した農産物等を原材料とし
て物品を製造して卸売する場合には，収益事業の製造業に該当します（法基通
15‐1‐22）。

⑦　通信業

　学校法人等の行う通信業は収益事業として課税対象とされます（法令5条1
項7号）。通信業とは，①他人の通信を媒介・介助する事業，②通信設備を他
人の通信の用に供する事業，③多数の者によって直接受信される通信の送信を
行う事業であるとされており，無線呼出業務や電報・郵便物若しくは信書便物

の集配業務は当然これに含まれます。この他に公衆電話サービス業務，共同アンテナの保守・管理を行う共同聴取聴視業務も通信業に含まれます（法基通15-1-24）。

8　運送業

運送業とは，自動車，船舶，航空機等の運輸交通手段を利用して，貨物又は旅客の運搬をすることであり，さらに，貨物の集荷，運送の取次などを行う運送取扱業も含まれます（法令5条1項8号）。

また，運送業には，リフト・ロープウェイ等の索道事業が含まれますが，自動車道事業，運河業及び桟橋業は運送業には含まれません（法基通15-1-25）。

学校法人において最もよく行われる運送事業たるスクールバスの運行については，それが通園又は通学のための手段としてだけ利用されているならば，収益事業に該当しないものと考えます。

なお，運送業は，国土交通大臣の許可を必要とする事業でありますが，法人税法上での運送業とは，国土交通大臣の許可を受けているかどうかに関係なく，運送業に該当する事業を行っているかどうかによって判定します。

9　請負業

請負業のうち，次に掲げるもの以外のものが収益事業となります（法令5条1項10号）。

① 　法令の規定に基づき国又は地方公共団体の事務処理を委託された法人の行うその委託に係るもので，その委託の対価がその事務処理のために必要な費用を超えないことが法令の規定により明らかなことその他財務省令で定める要件に該当するもの

② 　土地改良事業団体連合会，特定法人が行う特定の請負業

③ 　私立学校法第3条に規定する学校法人がその設置している大学に対する

他の者の委託を受けて行う研究に係るもの（その委託に係る契約又は協定において当該研究の成果の帰属及び公表に関する事項が定められているものに限る）

　請負業には，建築の請負等のほか事務処理の委託を受ける業を含むとされていますので，その範囲は広く，ほかの者の委託に基づいて行う調査，研究，情報の収集及び提供，手形交換，為替業務，検査，検定等が含まれます。これらの請負業には，前記の①〜③に該当するものを除き，国又は地方公共団体から委託を受けたものも含まれます（法基通15‐1‐27）。

　また，学校法人等が請負業としての性質を有する業務を行う場合であっても，契約等に基づき実費弁償方式により行われるものであり，かつ，一定の期間（概ね5年以内）について所轄税務署長の確認を受けたときは，その確認を受けた期間については収益事業に含めないこととされています（法基通15‐1‐28）。例えば，幼稚園等の園児を対象とするもので実費弁償方式によって行われる事業が該当します。

　従来産学連携により企業などから研究受託を受けた場合，文科省通知（「私立大学における受託研究について」平成14年4月4日）によった契約書によって行う受託事業は，請負業の範囲から除外されていました。同通知には以下のように書かれていました。

1．受託研究に要する経費は，学校法人の会計を通して経理すること。
2．受託研究に要する経費を明確にし，受託研究に係る契約又は協定（以下「受託研究契約書等」という。）に明記すること。なお，受託研究の受入れに当たっては，当該研究遂行に関連し直接経費以外に必要となる間接経費を受け入れることができること。
3．受託研究の実施期間を明確にし，受託研究契約書等に明記すること。なお，受託研究の実施期間が3か月未満のものについては，収益事業の範囲から除外される対象とならず，法人税の課税対象となること。

> 　4．受託研究の結果，知的所有権が生じた場合の権利等研究成果の帰属
> 　　に関する事項を定め，受託研究契約書等に明記すること。なお，受託研
> 　　究契約書等に研究成果の帰属に関する事項が明記されていないものにつ
> 　　いては，収益事業の範囲から除外される対象とならず，法人税の課税対
> 　　象となること。
>
> 　5．受託研究の研究成果は公表を基本的に前提とし，公表に関する事項
> 　　を定め，受託研究契約書等に明記すること。なお，研究成果の公表を前
> 　　提としないもの及び受託研究契約書等に研究成果の公表に関する事項が
> 　　明記されていないものについては，収益事業の範囲から除外される対象
> 　　とならず，法人税の課税対象となること。

　その後，文科省通知（「私立大学が行う受託研究に係る法人税の非課税措置に関する税制改正について」平成29年4月3日）により，上記3から5については，本通知によることとされました。私立大学における受託研究は，法人税法上の収益事業である「請負業」として，企業から提供された研究費に法人税が課されますが，平成14年度税制改正により，(1)受託研究に係る実施期間が3か月以上のもので，かつ(2)受託研究に係る契約又は協定において研究の成果の帰属及び公表に関する事項が定められているものについては，「請負業」の範囲から除外され，非課税とされていました。

　しかし近年の受託研究は，応用研究や開発研究のニーズが高く，企業側から成果を求められるスピードが速くなっており，加えて科学技術のイノベーションの進歩により短期間であっても教育研究活動と密接に関連する研究が発生しており，契約期間のみで一律に民間の研究との競合性及び教育研究活動との関連性を判断することは困難となっています。また，必ずしも研究成果が公表されない場合であっても，大学の研究成果の一部又は全部が帰属する場合には，大学において，当該研究成果が研究又は教育に継続的に活用されることが前提となるため，このような受託研究は，大学の教育研活動そのものと同一視することができます。

以上を踏まえ，平成29年度税制改正により，受託研究が「請負業」から除外されるための要件が緩和されることになりました。

本通知に書かれた新たな要件は以下のとおりで，①又は②を満たすこととされています（法令5条1項10号ニ）。

①　受託研究に係る契約又は協定において，当該研究の成果の全部又は一部が学校法人に帰属する旨が定められているもの

②　受託研究に係る契約又は協定において，当該研究の成果について学術研究の発展に資するため適切に公表される旨が定められていること

10　印刷業

印刷業とは，書籍，雑誌，新聞その他の印刷物の印刷を請負うことを指しますが，謄写印刷業，タイプ孔版印刷業及び複写印刷業などが含まれ（法基通15-1-30），印刷の種類，方法は問いません。したがって，学校等において，学生生徒等から各種コピー料を徴している場合には，印刷業を行っていることになり，収益事業に該当します。

11　出版業

学校法人等が書籍，雑誌，新聞，各種の名簿，統計数値等の出版物を制作して販売する場合には出版業に該当します。なお，次の出版事業は収益事業に該当しません（法令5条1項12号）。

①　特定の資格を有する者を会員とする法人が，その会報その他これに準ずる出版物を，主として会員に配布するために行うもの

②　学術，慈善その他公益を目的とする法人が，その目的を達成するため会報を専らその会員に配布するために行うもの

⓬ 席貸業

収益事業に該当する席貸業とは，(1)不特定又は多数の者の娯楽，遊興又は慰安の用に供する席貸業，及び(2)(1)以外の席貸業で次に掲げるものを除くものとされています（法令5条1項14号）。

① 国又は地方公共団体の用に供するための席貸業

② 社会福祉事業として行われる席貸業

③ 学校法人（準学校法人を含む），職業訓練法人がその主たる目的とする業務に関連して行う席貸業

例えば，幼稚園の園児のうち希望者を対象として他の者が行う音楽教室のための教室等の席貸しが該当します。

④ 法人がその主たる目的とする業務に関連して行う席貸業で，当該法人の会員その他これに準ずる者の用に供するもののうちその利用の対価が実費を超えないもの

学校法人等が不特定又は多数の者の娯楽，遊興又は慰安の用に供する席貸業は，相手のいかんを問わず収益事業に該当しますが，具体的には映画，演劇，舞踊，舞踏，宴会，パーティーなどのための席貸しがこれに当たります。

また，学校法人等が，興行を目的として集会場，野球場，テニスコート，体育館などを利用する者に対してその貸付けを行う事業は，娯楽・遊興等のための席貸しに該当します（法基通15-1-38）。

⓭ 旅館業

旅館業とは，ホテル営業，旅館営業，簡易宿所営業及び下宿営業を指します（旅館業法2条）。法人税法では，これらの旅館業のほか，旅館業法による旅館業の許可を受けないで他人を宿泊させ宿泊料を受ける事業が含まれるとし（法基通15-1-39），さらに，宿泊料については名目のいかんを問わず，実質が宿泊料

であると認められるものを含むとしています。

(1) 学校法人等の経営する寄宿舎

学校法人（準学校法人を含む）が専らその学校に在学する者を宿泊させるために行う寄宿舎の経営は，収益事業たる「旅館業」には該当しません。ただし，収益事業たる技芸教授業を行う学校法人がその技芸教授業に付随して行う寄宿舎の経営については課税の対象となります（法基通15‐1‐41）。

(2) 低廉な宿泊施設

学校法人等が専ら会員の研修その他主たる目的とする事業（収益事業に該当する事業を除く）を遂行するために必要な施設として設置した宿泊施設で，以下の条件を満たす場合には，収益事業たる旅館業には該当しません（法基通15‐1‐42）。

① その宿泊施設の利用が，その法人の主たる目的とする事業の遂行に関連してなされること

② その宿泊施設が多人数で共用する構造及び設備を主とするものであること

③ 宿泊料の額が全ての利用者につき1泊1,000円以下（食事を提供するものについては2食付きで1,500円以下）であること

14 料理店業その他の飲食店業

学校法人等が営む料理店業その他の飲食業は，収益事業に該当することとなりますが，この飲食店業には自ら調理をして飲食物を提供するもののほか，他の調理業者などから仕出しを受けて飲食物の提供をするものも含まれます。学校法人における食堂の経営は，料理店業その他の飲食店業に該当します。

なお，学校法人がその設置する小学校，中学校，特別支援学級等において，学校給食法等の規定に基づいて行う学校給食の事業は，学校教育の一環として

行われる行為ですので，収益事業たる「料理店業その他の飲食店業」には当たりません（法基通15‐1‐43）。

⑮　代理業・仲立業

代理業とは，他の者のために商行為の代理を行う事業のことで，例えば，保険代理店，旅行代理店等が該当します（法基通15‐1‐45）。

学校法人等が制服や制帽の販売を業者に委ね，仲介手数料を得ているときが該当します。

⑯　遊技所業

遊戯所業とは，野球場，テニスコート，ゴルフ場，射撃場，釣り堀，碁会所その他の遊技場を設け，これをその用途に応じて他の者に利用させる事業（席貸業に該当するものを除く）であり，いわゆる会員制のものも含まれます（法基通15‐1‐54）。

⑰　医療保健業

医療保健業には，医師又は歯科医師が行う医業の他，療術業，助産師業，看護業，歯科技工業，獣医業等が含まれます（法基通15‐1‐56）。

医療保健業のうち，次に掲げるもの以外のものが収益事業の医療保健業に該当します（法令5条1項29号）。

①　日本赤十字社が行う医療保健業

②　社会福祉法第22条に規定する社会福祉法人が行う医療保健業

③　私立学校法第3条に規定する学校法人が行う医療保健業

‥‥‥（以下省略）

18 技芸教授業・学力の教授業・公開模擬学力試験業等

(1) 技芸教授業

学校法人等の収益事業に該当する技芸教授業とは，洋裁，和裁，着物着付け，編物，手芸，料理，理容，美容，茶道，生花，演劇，演芸，舞踊，舞踏，音楽，絵画，書道，写真，工芸，デザイン（レタリングを含む），自動車操縦若しくは小型船舶の操縦の教授業であって，次の条件に該当するものを除きます。なお，技芸教授には通信教育によるもの及び技芸に関する免許の付与等を含みます（法令5条1項30号）。

例えば，幼稚園等の園児に対して課外授業として実施する音楽教室等の開設が該当します。

① 教育法第1条に規定する学校（幼稚園，小学校，中学校，高等学校，中等教育学校，特別支援学校，大学及び高等専門学校），同法第124条に規定する専修学校又は同法第134条第1項に規定する各種学校において行われる技芸の教授で次の全ての条件（法規7条）該当するもの

ア その修業期間（普通科，専攻科その他これらに準ずる区別がある場合には，それぞれの授業時間数）が1年以上であること

イ その1年間の授業時間数（普通科，専攻科その他これらに準ずる区別がある場合には，それぞれの授業時間数）が680時間以上であること（ただし専修学校の高等課程，専門課程又は一般課程については，各課程の授業時間数が800時間以上であること（夜間の場合その他特別な時間に授業を行う場合には，1年の授業時間数が450時間以上で，かつ，その修業期間を通ずる授業時間数が800時間以上であること））

ウ その施設（教員数を含む）が同時に授業を受ける生徒数に比し十分であると認められること

エ その教授が年2回を超えない一定の時期に開始され，かつ，その終期が明確に定められていること

オ その生徒について学年又は学期ごとにその成績の評価が行われ，その

　　　　結果が成績考査に関する表簿その他の書類に登載されていること
　　カ　その生徒についての所定の技術を修得したかどうかの成績の評価が行
　　　　われ，その評価に基づいて卒業証書又は修了証書が授与されているこ
　　　　と
②　社会教育法の規定により，文部科学大臣の認定を受けた通信教育として
　行う技芸の教授又は学力の教授
③　理容師法又は美容師法の規定により厚生労働大臣の指定を受けた施設に
　おいて，養成として行う技芸の教授で，財務省令で定めるもの，並びに
　当該施設に設けられた通信課程に係る通信及び添削による指導を専ら行
　う法人の当該指導として行う技芸の教授
④　技芸に関する国家試験の実施に関する事務（国家資格付与事務）を行う者
　として法令において定められ，又は法令に基づき指定された法人が法令
　に基づきその国家資格付与事務として行う技芸の教授（国の行政機関の長
　又は地方公共団体の長がその国家資格付与事務に関し監督上必要な命令をするこ
　とができるものに限る）で，次のいずれかの要件に該当するもの
　　ア　その対価の額が法令で実費を勘案して定めることとされているもので
　　　　あること又はその対価の額がその国家資格付与事務の処理のために必
　　　　要な費用の額を超えないと見込まれるものであること
　　イ　国の行政機関の長又は地方公共団体の長以外の者でその国家資格付与
　　　　事務を行う者が，公益法人等又は一般社団法人若しくは一般財団法人
　　　　に限られていることが法令で定められているものであること

(2)　学力の教授業と公開模擬学力試験業

　学校の入学試験に備えるため若しくは学校教育の補習のために行う学力の教
授（通信教育によるものも含む）をいい，次のA又はBに該当するもの以外のも
のは「学力教授業」として収益事業に該当します（法令5条1項30号）。
　①　学校等（学校教育法第1条の学校，専修学校又は各種学校）の行う学力の教
　　　授で財務省令で定めるもの

② 社会教育法第51条の規定により文部科学大臣の認定を受けた通信教育
　として行うもの

　また，入学試験に備えるため広く一般に参加者を募集して行う模擬試験も「公
開模擬試験業」として収益事業に該当します（同上）。
　上記①の財務省令で定めるものとは，上記(1)演芸教授業の学校等が行う技芸
教授業で収益事業に該当しない条件を全て満たし，かつ，次のア又はイのいず
れかに該当する学力の教授をいいます（法規7条，7条の2）。
　　ア　学校等（学校教育法1条の学校，専修学校又は各種学校）の行う大学の入
　　　学試験に直接備えるためのもので，その教科又は課程の授業時間数が
　　　30時間以上のもの
　　イ　大学入試に備えるもののほか，学校等で行う学力の教授で次に掲げる
　　　iからiiiの全てに該当するもの
　　i　その教科又は課程の授業時間が60時間以上であること
　　ii　その施設（教員数を含む）が同時に授業を受ける生徒数に比し十分
　　　であること
　　iii　その教授が年3回を超えない一定の時期に開始され，かつ，その終
　　　期が明確に定められていること

(3)　英会話，サッカー等の教授

　英会話，算盤及びサッカーの教授は，(1)に列挙した技芸教授業に該当しない
ため，法人税が課税されませんが，受講料を支払えば，当該施設を自由に使用
させるという趣旨で生徒から金銭を収受した場合には，遊技所業（法令5条1
項27号）として課税される可能性があります。
　合わせて，英会話や算盤のテキストなどの教材については，英会話等の教授
が収益事業に該当しなくても，物品販売業として収益事業に該当します。

19　駐車場業

学校法人等が自動車を駐車させる設備又は場所を設けその場所を利用させる場合には駐車場業に該当します（法令5条1項31号）。

3　教育研究事業への寄附

法人税法では，法人が支出する寄附金について，一定限度額までのものを課税所得の計算上損金に算入することを認めています（法法37条）。

また，学校法人等については，収益事業から教育部門等の非収益事業に支出した金額を，収益事業に係る寄附金とみなして，寄附金の損金算入額の範囲内で損金算入することが認められています。

寄附金とみなす趣旨は，「……ところで，公益法人が収益事業を営むのは，公益事業を行うために必要な資金を稼得するためであり，収益事業から生じた剰余金は，その公益事業のための資金として使用されるのが本旨であると考えられる。このため，法人税法第37条第4項において，公益法人等が収益事業に属する資産のうちから公益事業のための支出する金額については収益事業から直接外部に支出したもののほか，公益法人等の同一人格内における内部振替にすぎない収益事業からの公益事業に対する支出もその収益事業に係る寄附金の額とみなすこととしているものと解される」（平成12年3月7日国税不服審判所裁決）ためです。

学校法人（準学校法人を含む）・社会福祉法人・認定NPO法人の寄附金の損金算入限度額は下記の①又は②のいずれか多い金額となります。

①　当該事業年度の所得金額（寄附金の額を含む）$\times \dfrac{50}{100}$

②　年200万円

4 学校法人等に対する税率，中間申告（予定申告），確定申告

　学校法人等に対する法人税の税率は，前記3のみなし寄附金を損金に算入した後の課税所得に対して19％（令和3年3月31日までに開始する各事業年度の所得の金額うち年800万円以下の金額については，15％に軽減）とされています。

　また，法人税に加え，地方法人税（国税）が課されます。地方法人税は国税であり，下記地方税法上の学校法人等の法人住民税の非課税特例は適用されません。地方法人税は，「基準法人税額（所得税額控除等適用前の法人税額（付帯税は除く））×4.4％」（2019年10月1日以後開始事業年度からは10.3％）で計算します。

　法人税の中間申告及び納付義務は，株式会社等の普通法人に限られており，公益法人等には適用がありません。

　法人税の確定申告書は各事業年度終了の日の翌日から2か月以内に税務署長に対して提出することになっています。確定申告書の提出にあたり，収益事業に関する財務諸表（貸借対照表，損益計算書等）だけでなく，非収益事業に関する財務諸表の添付も必要であることに留意する必要があります（法基通15-2-14）。

　これは，収益事業と非収益事業に係る収益・費用の区分及びそれぞれの事業に共通的に発生した費用の配賦計算が不可欠であり，それぞれの計算が適正に行われているかどうかを確認するためには，収益事業部分のみならず，非収益事業部分を含めた全体の収支についての検討が必要であること，法令上収益事業部分のみに限られるという特段の制限がないことから，非収益事業部分も含めた全体についての提出が義務付けられています。

　なお，法人税の確定申告書の提出を要しない学校法人，すなわち収益事業を営まない学校法人であっても，年間の収入金額が8,000万円超のもの等一定の公益法人等である場合には，当該事業年度の損益計算書又は収支計算書を所轄税務署長に提出することになっています（措法68条の6，措令39条の37）。

5　法人住民税（都道府県民税及び市町村民税）

　学校法人が，先に記載した法人税法施行令第5条に規定する34の事業を継続して事業場を設けて行っている場合であっても，これらの所得の金額の90％以上の金額を，当該法人が行う私立学校の経営に充てている場合（収益事業に該当するものを除く）には，法人住民税における収益事業に該当せず，課税はなされません（地法24条9号，地令7条の4，地法294条9号，地令47条）。この場合は，各都道府県税事務所への申告にあたって，非課税の要件を満たしているかの判断を判断できるよう，「課税・非課税の判定票」を地方税の確定申告書（第6号様式）に添付する必要があります。

　一方，収益事業を行っていない場合は，法人税割及び均等割は課税されません。

6　法人事業税

　法人事業税については，上記の法人住民税のような収益事業の特例規定はなく，収益事業から生じた所得に対して法人事業税，地方法人特別税が課されるため注意が必要です。

> ＜法人事業税＞
> 所得金額又は収入金額×法人事業税の税率＝所得割額又は収入割額
> ＜地方法人特別税＞
> 基準法人所得割額又は基準法人収入割額×地方法人特別税の税率

　なお，地方法人特別税は，令和元年9月30日までに開始する事業年度をもって廃止され，令和元年10月1日以後開始事業年度より特別法人事業税が創設

されました。

7　事業所税

　事業所等で行う事業のうち，収益事業以外の事業に係る床面積及び従業者給与総額に対しては，事業所税は非課税とされています（地法701条の34第2項）。また，学校教育法第124条に規定する専修学校又は同134条第1項に規定する各種学校において直接教育の用に供する施設に係る事業所等において行う事業については，課税標準の2分の1を控除します（地法701条の41第1項）。課税団体は指定都市等に限られます。

8　設例

　ここでは収益事業課税に関する簡単な設例を取り上げます。

　設例の前に，教育研究事業と収益事業に共通して水道光熱費などの費用が発生した場合の留意点は以下のとおりです。

　法人税法では，費用又は損失は，収益事業に属する部分と収益事業以外とに合理的に区分することになっています（法令6条）。法人税基本通達において合理的な区分の方法が書かれていますが，収益事業を行う場合に，「……収益事業と収益事業以外の事業とに共通する費用又は損失の額は，継続的に，資産の使用割合，従業員の従事割合，資産の帳簿価額の比，収入金額の比その他当該費用又は損失の性質に応じる合理的な基準により収益事業と収益事業以外の事業と配賦し，これに基づいて経理する」とされています（法基通15‐2‐5）。

▶**共通費と配分基準の例**

配分基準例	共通費の科目例
従事割合	給料，賞与，賃金，退職金等
職員数割合	福利厚生費，事務用消耗品費等
資産の使用割合	水道光熱費，備品減価償却費等
建物の使用面積比	建物減価償却費，地代・家賃，建物保険料，固定資産税等
収入金額比	収入割合を適用することが合理的な費用

つまり，個々の費用又は損失の性質に応じて，これらの基準を合理的に使い分けることが求められています。

▶**設例1**

私立学校法人上の収益事業を行っている場合

学校法人税務入門学園（以下，税務入門学園）は，収益事業（小売業）として文房具・パンなどの食料品・参考書などの図書などを販売する売店を経営しており，私立学校法の手続に従って，収益事業（小売業）を行うことを寄附行為に記載し，所轄庁の認可を受けています（私学法26条1項，2項）。また，売店の会計処理は，学校部門とは別の収益事業部門としての特別会計を設けて区分経理しています（私学法26条3項）。

下記の前提条件等の場合の法人税申告書を作成してください。

【前提条件】

次の事項を前提とします。

① 消費税の免税事業者であり，税込で会計処理を行っている。

② 毎期継続して青色申告によって法人税申告を行っている。また，青色欠損金額の繰越はない。補足すると，青色欠損金額の持越がある場合，収益事業を行わない事業年度が存在したとしても，その前の収益事業に係る申告義務がある事業年度で連続して確定申告書を提出している場合には，その後申告義務が生じた事業年度で繰越欠損金を損金算入できる。

③ 法人税法上の収益事業は，特別会計として区分経理された私立学校法上の収益事業のみ（小売業）である。

④ 住民税については，所得金額の90％以上を教育事業に充てており，法人税割及び均等割とも非課税になっている。

⑤ 前期の未納法人税はない。

【前提資料】

特別会計として収益事業（私学法26条3項）を一般会計と区分して経理している。

I 貸借対照表（税額計算前）

× 2 年 3 月 31 日現在　　　　　　　　　（単位：円）

科目	金額	科目	金額
資産の部		**負債の部**	
流動資産		流動負債	
現金預金	1,000,000	買掛金	300,000
商品	300,000	預り金	100,000
流動資産合計	1,300,000	流動負債合計	400,000
固定資産		負債合計	400,000
有形固定資産			
器具備品	1,000,000		
減価償却累計額	△ 900,000	**純資産の部**	
有形固定資産合計	100,000	元入金	1,000,000
固定資産合計	100,000	剰余金	0
		純資産合計	1,000,000
資産合計	1,400,000	負債及び純資産合計	1,400,000

Ⅱ　損益計算書（税額計算後）

自×1年4月1日　至　×2年3月31日　　　　（単位：円）

1. 売上高		9,700,000
2. 売上原価		
（1）期首商品棚卸高	820,000	
（2）当期商品仕入高	6,000,000	
計	6,820,000	
（3）期末商品棚卸高	300,000	6,520,000
売上総利益		3,180,000
3. 販売費及び一般管理費		2,150,000
営業利益		1,030,000
4. 営業外費用		30,000
雑損失		30,000
経常利益		1,000,000
学校会計への繰入支出（※1）		900,000
税引前当期利益		100,000
法人税，住民税及び事業税		21,200
当期利益		78,800

（※1）特別会計より一般会計へ年度末に，実際に資金を移動し支払済み。みなし寄付金と想定（別表十四（二））。

Ⅲ 販売費及び一般管理費の明細

科目	金額（円）	摘要
給料手当	1,100,000	
消耗品費	50,000	
水道光熱費	300,000	一般会計との配分後の金額（※2）
通信費	100,000	
賃借料	500,000	
減価償却費	100,000	減価償却超過額なし
合計	2,150,000	

（※2）水道光熱費の配分

	全体	学校部門	収益事業部門
使用量割合	100%	90%	15%
金額	3,000,000	2,700,000	300,000

　××1年4月1日から××2年3月31日までの事業年度分の確定申告書は以下のとおりです。

別表一　各事業年度の所得に係る申告書－内国法人の分……平三十一・四・一以後終了事業年度等分

項目		欄	金額			項目	欄	金額

令和　年　月　日
税務署長殿

納税地　電話（　）　-

（フリガナ）ガッコウホウジン　ゼイムニュウモンガクエン
法人名　**学校法人　税務入門学園**

法人番号

（フリガナ）
代表者記名押印　㊞

代表者住所

法人区分
事業種目

同非区分

旧納税地及び旧法人名等

添付書類

青色申告　一連番号
整理番号
事業年度（至）
売上金額　　　**9**
申告年月日

申告区分

平成・令和　**X1**　年　**4**　月　**1**　日　事業年度分の法人税　確定　申告書
平成・令和　**X2**　年　**3**　月　**31**　日　課税事業年度分の地方法人税　確定　申告書
（中間申告の場合　平成・令和　年　月　日　の計算期間　平成・令和　年　月　日）

この申告書による法人税額の計算

項目	欄	金額
所得金額又は欠損金額（別表四「47の①」）	1	100000
法人税額（53）＋（54）＋（55）	2	15000
法人税額の特別控除額（別表六（六）「4」）	3	
差引法人税額（2）－（3）	4	15000
連結納税の承認を取り消された場合等における既に控除された法人税額の特別控除額の加算額	5	
土地譲渡税額　課税土地譲渡利益金額	6	000
同上に対する税額（22）＋（23）＋（24）	7	
留保金　課税留保金額（別表三（一）「4」）	8	000
同上に対する税額（別表三（一）「8」）	9	
法人税額計（4）＋（5）＋（7）＋（9）	10	15000
分配時調整外国税相当額及び外国関係会社等に係る控除対象所得税額等相当額の控除額	11	
仮装経理に基づく過大申告の更正に伴う控除法人税額	12	
控除税額	13	
差引所得に対する法人税額（10）－（11）－（12）－（13）	14	15000
中間申告分の法人税額	15	
差引確定（中間申告の場合はその税額とし、マイナスの場合は（16）へ記入）法人税額（14）－（15）	16	15000

項目	欄	金額
控除税額の計算　所得税の額（別表六（一）「6の③」）	17	
外国税額（別表六（二）「20」）	18	
計（17）＋（18）	19	
控除した金額（13）	20	
控除しきれなかった金額（19）－（20）	21	
土地譲渡税額（別表三（二）「27」）	22	
同（別表三（二の二）「28」）	23	
同（別表三（三）「23」）	24	
この申告による還付金額　所得税額等の還付金額（21）	25	
中間納付額（15）－（14）	26	
欠損金の繰戻しによる還付請求金額	27	
計（25）＋（26）＋（27）	28	
この申告前の所得金額又は欠損金額（60）	29	
この申告により納付すべき法人税額又は減少する還付請求税額（65）	30	00
欠損金又は災害損失金等の当期控除額（別表七（一）「4の計」＋（別表七（二）「9」若しくは「21」又は別表七（三）「10」）	31	
翌期へ繰り越す欠損金又は災害損失金（別表七（一）「5の合計」）	32	100000

この申告書による地方法人税額の計算

項目	欄	金額
課税標準法人税額の計算　所得の金額に対する法人税額（2）－（3）＋（4）＋（7）＋（10）の外書	33	15000
課税留保金額に対する法人税額	34	
課税標準法人税額（33）＋（34）	35	15000
地方法人税額（59）	36	1545
課税留保金額に係る地方法人税額（59）	37	
所得地方法人税額（36）＋（37）	38	1545
分配時調整外国税相当額及び外国関係会社等に係る控除対象所得税額等相当額の控除額	39	
外国税額の控除額（別表六「50」）	40	
仮装経理に基づく過大申告の更正に伴う控除地方法人税額	41	
差引地方法人税額（38）－（39）－（40）－（41）	42	1500
中間申告分の地方法人税額	43	
差引確定（中間申告の場合はその地方法人税額とし、マイナスの場合は（45）へ記入）地方法人税額（42）－（43）	44	1500

項目	欄	金額
この申告による還付金額（43）－（42）	45	
この申告が修正申告である場合　所得の金額に対する法人税額（68）	46	
課税留保金額に対する法人税額	47	
課税標準法人税額（70）	48	000
この申告により納付すべき地方法人税額（74）	49	

剰余金・利益の配当（剰余金の分配）の金額

残余財産の最後の分配又は引渡しの日

決算確定の日

還付を受けようとする金融機関等

税理士署名押印　㊞

事業年度等	X1・4・1 X2・3・31	法人名	学校法人　税務入門学園

法 人 税 額 の 計 算					
(1)のうち中小法人等の年800万円相当額以下の金額 ((1)と800万円×$\frac{1}{12}$のうち少ない金額)	50	100,000	(50) の 15 % 又は 19 % 相当額	53	15,000
(1)のうち特例税率の適用がある協同組合等の年10億円相当額を超える金額 (1)−10億円×$\frac{1}{12}$	51	000	(51) の 22 % 相当額	54	
そ の 他 の 所 得 金 額 (1)−(50)−(51)	52	000	(52) の 19 % 又は 23.2 % 相当額	55	

地 方 法 人 税 額 の 計 算					
所 得 の 金 額 に 対 す る 法 人 税 額 (33)	56	15,000	(56) の 4.4 % 又は 10.3 % 相当額	58	1,545
課 税 留 保 金 額 に 対 す る 法 人 税 額 (34)	57	000	(57) の 4.4 % 又は 10.3 % 相当額	59	

こ の 申 告 が 修 正 申 告 で あ る 場 合 の 計 算							
法人税額の計算	この申告前の	所 得 金 額 又 は 欠 損 金 額	60		地方法人税額の計算	この申告前の	所 得 の 金 額 に 対 す る 法 人 税 額	68	
		課 税 土 地 譲 渡 利 益 金 額	61				課 税 留 保 金 額 に 対 す る 法 人 税 額	69	
		課 税 留 保 金 額	62				課 税 標 準 法 人 税 額 (68)+(69)	70	000
		法 人 税 額	63				確 定 地 方 法 人 税 額	71	
		還 付 金 額	64	外			中 間 還 付 額	72	
		この申告により納付すべき法人税額又は減少する還付請求税額 ((16)−(63)) 若しくは((16)+(64)) 又は((64)−(28))	65	外 00			欠 損 金 の 繰 戻 し に よ る 還 付 金 額	73	
	この申告前の	欠 損 金 又 は 災 害 損 失 金 等 の 当 期 控 除 額	66				この申告により納付すべき地 方 法 人 税 額 ((44)−(71))若しくは((44)+(72)+(73)) 又は((72)−(45))+((73)−(45の外書)))	74	00
		翌 期 へ 繰 り 越 す 欠 損 金 又 は 災 害 損 失 金	67						

区　　　分		総　　額	処　　　　分		
			留　保	社　外　流　出	
		①	②	③	
当期利益又は当期欠損の額	1	78,800 円	78,800 円	配　当	円
				その他	
加	損金経理をした法人税及び地方法人税（附帯税を除く。）	2			
	損金経理をした道府県民税及び市町村民税	3			
	損金経理をした納税充当金	4	21,200	21,200	
	損金経理をした附帯税（利子税を除く。）、加算金、延滞金（延納分を除く。）及び過怠税	5			その他
	減価償却の償却超過額	6			
	役員給与の損金不算入額	7			その他
	交際費等の損金不算入額	8			その他
		9			
		10			
算	小　　　　計	11	21,200	21,200	
減	減価償却超過額の当期認容額	12			
	納税充当金から支出した事業税等の金額	13			
	受取配当等の益金不算入額（別表八（一）「13」又は「26」）	14			※
	外国子会社から受ける剰余金の配当等の益金不算入額（別表八（二）「26」）	15			※
	受贈益の益金不算入額	16			※
	適格現物分配に係る益金不算入額	17			※
	法人税等の中間納付額及び過誤納に係る還付金額	18			
	所得税額等及び欠損金の繰戻しによる還付金額等	19			※
		20			
算	小　　　　計	21			外※
仮　　　計　(1)＋(11)－(21)	22	100,000	100,000	外※	
関連者等に係る支払利子等の損金不算入額（別表十七（二の二）「24」又は「29」）	23			その他	
超過利子額の損金算入額（別表十七（二の三）「10」）	24	△		※	△
仮　　　計　((22)から(24)までの計)	25	100,000	100,000	外※	
寄附金の損金不算入額（別表十四（二）「24」又は「40」）	27			その他	
法人税額から控除される所得税額（別表六（一）「6の③」）	29			その他	
税額控除の対象となる外国法人税の額（別表六（二の二）「7」）	30			その他	
分配時調整外国税相当額及び外国関係会社等に係る控除対象所得税額等相当額（別表六（五の二）「5の②」＋別表十七（三の六）「1」）	31			その他	
合　　　計　(25)＋(27)＋(30)＋(31)	34	100,000	100,000	外※	
契約者配当の益金算入額（別表九（一）「13」）	35				
中間申告における繰戻しによる還付に係る災害損失欠損金額の益金算入額	37			※	
非適格合併又は残余財産の全部分配等による移転資産等の譲渡利益額又は譲渡損失額	38			※	
差　引　計　(34)＋(35)＋(37)＋(38)	39	100,000	100,000	外※	
欠損金又は災害損失金等の当期控除額（別表七（一）「4の計」＋別表七（四）「10」若しくは「21」又は別表七（三）「9」若しくは「21」）	40	△		※	△
総　　　計　(39)＋(40)	41	100,000	100,000	外※	
新鉱床探鉱費又は海外新鉱床探鉱費の特別控除額（別表十（三）「43」）	42	△		※	△
残余財産の確定の日の属する事業年度に係る事業税の損金算入額	46		△		
所得金額又は欠損金額	47	100,000	100,000	外※	0

利益積立金額及び資本金等の額の計算に
関する明細書

事業 年度	X1・4・1 X2・3・31	法人名	学校法人　税務入門学園

Ⅰ　利益積立金額の計算に関する明細書

区　　　　分		期首現在 利益積立金額 ①	当　期　の　増　減		差引翌期首現在 利益積立金額 ①-②+③ ④
			減 ②	増 ③	
利　益　準　備　金	1	円	円	円	円
積　立　金	2				
	3				
	4				
	5				
	6				
	7				
	8				
	9				
	10				
	11				
	12				
	13				
	14				
	15				
	16				
	17				
	18				
	19				
	20				
	21				
	22				
	23				
	24				
	25				
繰越損益金（損は赤）	26			78,800	78,800
納　税　充　当　金	27			21,200	21,200
未納法人税等 （附帯税積立金に対するものを除く。）	未納法人税及び 未納地方法人税 （附帯税を除く。）	28	△	△	中間 △ 確定 △ 16,500	△　　16,500
	未納道府県民税 （均等割額を含む。）	29	△	△	中間 △ 確定 △	△
	未納市町村民税 （均等割額を含む。）	30	△	△	中間 △ 確定 △	△
差　引　合　計　額	31			83,500	83,500

Ⅱ　資本金等の額の計算に関する明細書

区　　　　分		期首現在 資本金等の額 ①	当　期　の　増　減		差引翌期首現在 資本金等の額 ①-②+③ ④
			減 ②	増 ③	
資本金又は出資金	32	円	円	円	円
資　本　準　備　金	33				
	34				
	35				
差　引　合　計　額	36				

③ 寄附金の損金算入に関する明細書

| 事業年度 | X1・4・1 ～ X2・3・31 | 法人名 | 学校法人　税務入門学園 |

公益法人等以外の法人の場合

項目	番号	金額
指定寄附金等の金額 (41の計)	1	円
特定公益増進法人等に対する寄附金額 (42の計)	2	
その他の寄附金額	3	
計 (1)+(2)+(3)	4	
完全支配関係がある法人に対する寄附金額	5	
計 (4)+(5)	6	
所得金額仮計 (別表四「25の①」+「26の①」)	7	
寄附金支出前所得金額 (6)+(7)（マイナスの場合は0）	8	
同上の $\frac{2.5又は1.25}{100}$ 相当額	9	
期末の資本金等の額 (別表五(一)「36の④」)（マイナスの場合は0）	10	
同上の月数換算額 $(10)\times\frac{月数}{12}$	11	
同上の $\frac{2.5}{1,000}$ 相当額	12	
一般寄附金の損金算入限度額 $((9)+(12))\times\frac{1}{4}$	13	
寄附金支出前所得金額の $\frac{6.25}{100}$ 相当額 $(8)\times\frac{6.25}{100}$	14	
期末の資本金等の額の月数換算額の $\frac{3.75}{1,000}$ 相当額 $(11)\times\frac{3.75}{1,000}$	15	
特定公益増進法人等に対する寄附金の特別損金算入限度額 $((14)+(15))\times\frac{1}{2}$	16	
特定公益増進法人等に対する寄附金の損金算入額 (2)と((14)と(16)のうち少ない金額)のうち少ない金額	17	
指定寄附金等の金額 (1)	18	
国外関連者に対する寄附金額及び本店等に対する内部寄附金額	19	
(4)の寄附金額のうち同上の寄附金以外の寄附金額 (4)-(19)	20	
同上のうち損金の額に算入されない金額 (20)-((9)又は(13))-(17)-(18)	21	
国外関連者に対する寄附金額及び本店等に対する内部寄附金額 (19)	22	
完全支配関係がある法人に対する寄附金額 (5)	23	
計 (21)+(22)+(23)	24	

公益法人等の場合

項目	番号	金額
長期給付事業への繰入利子額	25	円
同上以外のみなし寄附金額	26	900,000
その他の寄附金額	27	
計 (25)+(26)+(27)	28	900,000
所得金額仮計 (別表四「25の①」)	29	100,000
寄附金支出前所得金額 (28)+(29)（マイナスの場合は0）	30	1,000,000
同上の $\frac{20又は50}{100}$ 相当額（$\frac{50}{100}$ 相当額が年200万円に満たない場合（当該法人が公益社団法人又は公益財団法人である場合を除く。）は、年200万円）	31	2,000,000
公益社団法人又は公益財団法人の公益法人特別限度額 (別表十四(二)付表「3」)	32	
長期給付事業を行う共済組合等の損金算入限度額 ((25)と融資額の年5.5%相当額のうち少ない金額)	33	
損金算入限度額 (31)、((31)と(32)のうち多い金額)又は((31)と(33)のうち多い金額)	34	2,000,000
指定寄附金等の金額 (41の計)	35	
国外関連者に対する寄附金額及び完全支配関係がある法人に対する寄附金額	36	
(28)の寄附金額のうち同上の寄附金以外の寄附金額 (28)-(36)	37	900,000
同上のうち損金の額に算入されない金額 (37)-(34)-(35)	38	0
国外関連者に対する寄附金額及び完全支配関係がある法人に対する寄附金額 (36)	39	
計 (38)+(39)	40	0

指定寄附金等に関する明細

寄附した日	寄附先	告示番号	寄附金の使途	寄附金額 41
				円
		計		

特定公益増進法人若しくは認定特定非営利活動法人等に対する寄附金又は認定特定公益信託に対する支出金の明細

寄附した日又は支出した日	寄附先又は受託者	所在地	寄附金の使途又は認定特定公益信託の名称	寄附金額又は支出金額 42
				円
		計		

その他の寄附金のうち特定公益信託（認定特定公益信託を除く。）に対する支出金の明細

支出した日	受託者	所在地	特定公益信託の名称	支出金額
				円

41

① 旧定額法又は定額法による減価償却資産の償却額の計算に関する明細書

事業年度又は連結事業年度	X1・4・1 X2・3・31	法人名	学校法人　税務入門学園（　　　）

資産区分	種類	1	器具備品				
	構造	2					
	細目	3	絵本棚				
	取得年月	4	XX1・4・1	・・	・・	・・	・・
	事業の用に供した年月	5	XX1　4				
	耐用年数	6	年	年	年	年	年
取得価額	取得価額又は製作価額	7	外 1,000,000 円	外 円	外 円	外 円	外 円
	圧縮記帳による積立金計上額	8					
	差引取得価額 (7)−(8)	9	1,000,000				
帳簿価額	償却額計算の対象となる期末現在の帳簿記載金額	10	100,000				
	期末現在の積立金の額	11					
	積立金の期中取崩額	12					
	差引帳簿記載金額 (10)−(11)−(12)	13	外△	外△	外△	外△	外△
	損金に計上した当期償却額	14	100,000				
	前期から繰り越した償却超過額	15	外	外	外	外	外
	合計 (13)+(14)+(15)	16	200,000				
当期分の普通償却限度額等	平成19年3月31日以前取得分	残存価額	17					
		差引取得価額×5% (9)×5/100	18					
		旧定額法の償却額計算の基礎となる金額 (9)−(17)	19					
		旧定額法の償却率	20					
		(16)＞(18)の場合 算出償却額 (19)×(20)	21	円	円	円	円	円
		増加償却額 (21)×割増率	22	( )	( )	( )	( )	( )
		計 (21)+(22)又は(16)−(18)	23					
		(16)≦(18)の場合 算出償却額 (18−1円)×60	24					
	平成19年4月1日以後取得分	定額法の償却額計算の基礎となる金額 (9)	25	1,000,000				
		定額法の償却率	26	0.100				
		算出償却額 (25)×(26)	27	100,000 円	円	円	円	円
		増加償却額 (27)×割増率	28	( )	( )	( )	( )	( )
		計 (27)+(28)	29	100,000				
	当期分の普通償却限度額等 (23)、(24)又は(29)		30	100,000				
当期分の償却限度額	特別償却又は割増償却	租税特別措置法適用条項	31	(条 項)	(条 項)	(条 項)	(条 項)	(条 項)
		特別償却限度額	32	外 円	外 円	外 円	外 円	外 円
	前期から繰り越した特別償却不足額又は合併等特別償却不足額		33					
	合計 (30)+(32)+(33)		34	100,000				
	当期償却額		35	100,000				
差引	償却不足額 (34)−(35)		36					
	償却超過額 (35)−(34)		37					
償却超過額	前期からの繰越額		38	外	外	外	外	外
	当期損金認容額	償却不足によるもの	39					
		積立金取崩しによるもの	40					
	差引合計翌期への繰越額 (37)+(38)−(39)−(40)		41					
特別償却不足額	翌期に繰り越すべき特別償却不足額 ((36)−(39))と((32)+(33))のうち少ない金額		42					
	当期において切り捨てる特別償却不足額又は合併等特別償却不足額		43					
	差引翌期への繰越額 (42)−(43)		44					
	翌期繰越額の内訳	・・	45					
		当期分不足額	46					
適格組織再編成により引き継ぐべき合併等特別償却不足額 ((36)−(39))と(32)のうち少ない金額			47					

備考

> **設例2**
>
> **私立学校法人上の収益事業を行わず法人税法上の収益事業を行っている場合**
>
> 　私立学校法上の収益事業は行っていませんが，法人税法上の収益事業を行っています。次の前提条件等の場合の法人税申告書を作成してください。
>
> 　学校法人税務入門学園（以下「税務入門学園」という）の××1年4月1日から××2年3月31日までの当期における経営状況は次のとおりです。

【前提条件】

①　税込みで会計処理している。

②　住民税については，所得金額の90％以上を教事業に充てており，法人税割及び均等割とも非課税になっている。

③　前期（××0年4月1日から××1年3月31日までの事業年度）以前からの青色欠損金額の繰越しはない。なお，前期において課税所得は発生していない。

④　毎期継続して青色申告書を提出している。

⑤　消費税等は考慮していない。

【前提資料】

Ⅰ　事業活動収支計算書（一部抜粋）

　税務入門学園の当事業年度の事業活動収支計算書（一部抜粋）は次のとおりである。

事業活動収支計算書（一部抜粋）

自 ×× 1 年 4 月 1 日　至 ×× 2 年 3 月 31 日

<table>
<tr><td colspan="2"></td><th>科目</th><th>予算</th><th>決算</th><th>差異</th></tr>
<tr><td rowspan="27">教育活動収支</td><td rowspan="13">事業活動収入の部</td><td>学生生徒等納付金</td><td rowspan="13">省</td><td>1,900,000,000</td><td rowspan="13">省</td></tr>
<tr><td>手数料</td><td>70,000,000</td></tr>
<tr><td>寄付金</td><td>70,000,000</td></tr>
<tr><td>経常費等補助金</td><td>1,100,000,000</td></tr>
<tr><td>付随事業収入</td><td>280,000,000</td></tr>
<tr><td>　補助活動収入</td><td>260,000,000</td></tr>
<tr><td>　受託事業収入</td><td>15,000,000</td></tr>
<tr><td>　その他</td><td>5,000,000</td></tr>
<tr><td>雑収入</td><td>60,000,000</td></tr>
<tr><td>　施設設備利用料</td><td>50,000,000</td></tr>
<tr><td>　その他の雑収入</td><td>10,000,000</td></tr>
<tr><td>教育活動収入計</td><td>3,480,000,000</td></tr>
<tr><td rowspan="14">事業活動支出の部</td><td>人件費</td><td rowspan="14">略</td><td>2,348,000,000</td><td rowspan="14">略</td></tr>
<tr><td>　教員人件費</td><td>1,900,000,000</td></tr>
<tr><td>　職員人件費</td><td>440,000,000</td></tr>
<tr><td>　役員報酬</td><td>3,000,000</td></tr>
<tr><td>　退職給与引当金繰入額</td><td>5,000,000</td></tr>
<tr><td>教育研究経費</td><td>910,000,000</td></tr>
<tr><td>管理経費</td><td>440,200,000</td></tr>
<tr><td>　消耗品費</td><td>12,000,000</td></tr>
<tr><td>　水道光熱費</td><td>20,000,000</td></tr>
<tr><td>　旅費交通費</td><td>7,000,000</td></tr>
<tr><td>　福利費</td><td>5,000,000</td></tr>
<tr><td>　通信費</td><td>6,000,000</td></tr>
<tr><td>　印刷製本費</td><td>16,000,000</td></tr>
<tr><td>　修繕費</td><td>10,000,000</td></tr>
<tr><td>　損害保険料</td><td>1,000,000</td></tr>
<tr><td>　賃借料</td><td>3,000,000</td></tr>
</table>

教育活動収支	事業活動支出の部	公租公課		9,000,000
		諸会費		3,000,000
		会議費		1,000,000
		報酬委託料		30,000,000
		広報費		22,000,000
		減価償却費		45,000,000
		補助活動収入原価		250,000,000
		雑費		200,000
		教育活動支出計		3,698,200,000
教育活動収支差額				△ 218,200,000
教育活動外収支	事業活動収入の部	受取利息・配当金		2,300,000
		教育活動外収入計		2,300,000
教育活動外収支差額				2,300,000
経常収支差額				△ 215,900,000
特別収支	事業活動収入の部	資産売却差額		400,000
		特別収入計		400,000
特別収支差額				△ 215,500,000

（以下省略）

45

Ⅱ 事業活動収支計算書（一部抜粋）

事業活動収支計算書（一部抜粋）のうち法人税法上の収益事業の判定上必要となる事項は次のとおりである。

1. 教育活動収支　事業活動収入の部

(1) 「補助活動収入」の内訳は以下のとおりである。

内容	収益事業の判定	金額（円）
制服・文房具などの販売による収入	物品販売業（法令5条1項1号,法基通15-1-10(2)(3)(4)）に該当する。	160,000,000
保険事務手数料の収入	請負業（法令5条1項10号,法基通15-1-41）に該当する。	5,000,000
音楽教室,社会人向け秋季講座による収入	技芸教授業（法令5条1項30号）に該当する。 参考：法基通15-1-67の2	11,000,000
教科書の販売による収入	収益事業に該当しない（法基通15-1-10(2)）。	4,000,000
参考書,問題集（授業で教材として使用）の販売による収入	収益事業に該当しない（法基通15-1-10(2)）。	19,000,000
学校給食法の規定に基づいて行う学校給食事業による収入	収益事業に該当しない（法基通15-1-43）。	14,000,000
教育事業に付随するスクールバス運行事業	通園通学のためだけに利用されている場合は,収益事業に該当しない（法基通15-1-43の学生生徒等を宿泊させるための寄宿舎経営による収入と同様）。	47,000,000
合計		260,000,000

(2) 付随事業収入のうち「補助活動収入」以外は，収益事業に該当しない。

(3) 「施設設備利用料」は，全額席貸業（法令5条1項14号）による収入に該当する。

(4)　「その他の雑収入」のうち，3,000,000円は請負業（法令5条1項14号）に該当する手数料の収受によるものである。これ以外は収益事業に該当しない。

2．教育活動収支　事業活動収支の部
(1)　「職員人件費」の収益事業への配賦は，対象補助金控除後の人件費実質負担額に収益事業収入比を乗ずることにより算出する。
(2)　「管理経費」の収益事業への配賦は，以下のとおりである。
　①　「消耗品費」,「光熱水費」「旅費交通費」,「通信費」,「印刷製本費」,「修繕費」,「損害保険料」,「賃借料」は，決算額の各費目に，対象補助金控除後の経費実質負担率と収益事業収入比を乗ずることにより算出する。
　②　「公租公課」のうち，消費税額は収益事業収入と課税売上高との比率で按分した金額を収益事業へ配賦する。
　③　「会議費」は，決算額に収益事業収入比を乗ずることにより算出する。
　④　「報酬委託手数料」は，決算額に経費実質負担率と収益事業収入比を乗ずることにより算出する。
　⑤　「減価償却額」は使用面積比により算出する。
　⑥　「補助活動収入原価」は，収益事業部分を個別に抽出する。

Ⅲ 収益事業貸借対照表（税額計算前）

×2年3月31日現在 （単位：円）

科目	収益事業会計 （建物賃貸事業）	科目	収益事業会計 （建物賃貸事業）
流動資産	43,000,000	流動負債	12,000,000
現預金	30,000,000		
商品	2,000,000		
未収入金	11,000,000		
固定資産	70,000,000		
		元入金	98,900,000
		当期末未処分損益	2,100,000
		純資産	101,000,000
資産計	113,000,000	負債及び純資産合計	113,000,000

Ⅳ 収益事業損益計算書（税額計算前）

自×1年4月1日　至　×2年3月31日 （単位：円）

1. 売上高		226,000,000
2. 売上原価		
⑴　期首商品棚卸高	2,000,000	
⑵　当期仕入高	170,000,000	
計	172,000,000	
⑶　期末商品棚卸高	2,000,000	170,000,000
売上総利益		56,000,000
3. 販売費及び一般管理費		59,352,678
営業利益又は営業損失		△3,352,678
4. 営業外収益		3,000,000
雑収入		3,000,000
経常損失		△352,678
当期損失		△352,678

48

V　販売費及び一般管理費の明細（税額計算前）

科目	金額（円）	摘要
給料手当	8,547,966	
消耗品費	654,606	
水道光熱費	1,091,014	
旅費交通費	381,855	
通信費	327,304	
印刷製本費	872,811	
修繕費	545,507	
損害保険料	54,551	
賃借料	163,652	
公租公課	7,000,000	
会議費	65,754	
報酬委託料	1,636,520	
減価償却費	3,011,138	
学校会計繰入金	35,000,000	収益事業から非収益事業に支出した金額
合計	59,352,678	

■収益及び非収益の区分表

勘定科目	収益事業への配賦基準（例）	決算額①	非収益項目②	収益項目③
収入				
補助活動収入		260,000,000	84,000,000	176,000,000
受託事業収入		15,000,000	15,000,000	0
施設設備利用料		50,000,000	0	50,000,000
その他の雑収入		10,000,000	7,000,000	3,000,000
その他		3,147,700,000	3,147,700,000	0
収入合計		3,482,700,000	3,253,700,000	229,000,000
			収益事業収入比⑩	6.575%
支出				
人件費				
職員人件費	対象補助金控除後の人件費実質負担額×収益事業収入比 ⑥×⑩	440,000,000		
管理経費		440,200,000		
消耗品費	各費目×経費実質負担率×収益事業収入比 ④×⑦×⑩	12,000,000		
水道光熱費		20,000,000		
旅費交通費		7,000,000		
福利費		5,000,000	5,000,000	
通信費		6,000,000		
印刷製本費	各費目×経費実質負担率×収益事業収入比 ④×⑦×⑩	16,000,000		
修繕費		10,000,000		
損害保険料		1,000,000		
賃借料		3,000,000		
公租公課	消費税額は、収益事業収入と課税売上高との比率で按分	9,000,000	2,000,000	7,000,000
諸会費		3,000,000	3,000,000	
会議費	対象補助金がないため、決算額×収益事業収入比 ④×⑫	1,000,000		
報酬委託手数料	各費目×経費実質負担率×収益事業収入比 ④×⑦×⑩	30,000,000		
広報費		22,000,000	21,952,503	
減価償却費	使用面積比	45,000,000	41,988,862	3,011,138
補助活動原価	個別抽出	250,000,000	80,000,000	170,000,000
雑費		200,000	200,000	
支出計		880,200,000	154,141,365	180,011,138

（注）この表の計算は，『学校法人税務の取扱い Q&A』日本公認会計士協会東京会編（日本公認会計士協会出版局）を参考にした例示の一つです。

50

共通費④	対象補助金⑤	実質的な税務入門学園負担		共通費按分	
		金額 ⑥＝④－⑤	負担率 ⑥/④×100＝⑦	非収益⑧	収益⑨
0	0	0	0	0	0
440,000,000	310,000,000	130,000,000		431,452,034	8,547,966
440,200,000	75,000,000	365,200,000	82.96%		
12,000,000				11,345,392	654,608
20,000,000				18,908,986	1,091,014
7,000,000				6,618,145	381,855
0				0	0
6,000,000				5,672,696	327,304
16,000,000				15,127,189	872,811
10,000,000				9,454,493	545,507
1,000,000				945,449	54,551
3,000,000				2,836,348	163,652
0				0	0
0				0	0
1,000,000				934,246	65,754
30,000,000				28,363,480	1,636,520
47,497				47,497	0
0				0	0
0				0	0
0				0	0
880,200,000	385,000,000	495,200,000		531,705,957	14,341,540

法人都民税の課税・非課税の判定票

法 人 名	学校法人　税務入門学園
事業年度	X1　年　4　月　1　日から X2　年　3　月　31　日まで

収益事業から生じた所得金額の計算		法人税の課税標準となる所得金額 （法人税明細書別表四（49）「所得金額又は欠損金額」欄）		1	17,323,661
	加算欄	収不算入したと金額されでた益も金の	収益事業から収益事業以外の事業に支出した金額	2	35,000,000
			受取配当金で益金とされなかった金額	3	
			還付法人税額等	4	
				5	
				6	
				7	
		加算欄計（2＋3＋4＋5＋6＋7）		8	35,000,000
	減算欄	支不算入したと金額されでた損も金の	寄附金の損金算入限度超過額	9	17,676,339
			法人税明細書別表四において損金不算入とした法人税額	10	
			法人税明細書別表四において損金不算入とした附帯税額	11	
				12	
				13	
				14	
		減算欄計（9＋10＋11＋12＋13＋14）		15	17,676,339
		収益事業から生じた所得金額（1＋8－15）		16	34,647,322
課非の判定		$(16) \times \dfrac{90}{100}$		17	31,182,590
		当期中において収益事業から収益事業以外の事業に支出した金額		18	35,000,0000
		(18)の金額が(17)の金額　以上である場合……………非課税 未満である場合……………課　税			

添 付 書 類	1．決算書 2．法人税申告書別表一（二） 3．法人税明細書別表四	4．法人税明細書別表十四（二） 5． 6．

この判定票は、申告書（第6号様式）に添付して提出してください。

52

務受 税印	令和　　年　月　日 税務署長殿	青色申告　一連番号

納税地

電話（　　）　　　－

（フリガナ）　ガッコウホウジン　ゼイムニュウモンガクエン

法人名　**学校法人　税務入門学園**

法人番号 ☐☐☐☐☐☐☐☐☐☐☐☐☐

（フリガナ）

代表者記押印　㊞

代表者住所

法人区分

事業種目

同非区分

旧納税地及び旧法人名等

添付書類

別表一　各事業年度の所得に係る申告書　内国法人の分……平三十一・四・一以後終了事業年度等分

| 平成・令和 **X1** 年 **4** 月　　日 | 事業年度分の法人税 **確定** 申告書 |
| 平成・令和 **X2** 年 **3** 月 **31** 日 | 課税事業年度分の地方法人税 **確定** 申告書 |

			千億　百万　千　円
所得金額又は欠損金額（別表四「47の①」）	1		173233661
法人税額（53）＋（54）＋（55）	2		2971370
法人税額の特別控除額（別表六（六）「4」）	3		
差引法人税額（2）－（3）	4		2971370
連結納税の承認を取り消された場合等における既に控除された法人税額の特別控除額の加算額	5		
土地譲渡税額 課税土地譲渡利益金額（22）＋（23）＋（24）	6		000
同上に対する税額（22）＋（23）＋（24）	7		
留保金 課税留保金額（別表三（一）「4」）	8		000
同上に対する税額（別表三（一）「8」）	9		000
法人税額計（4）＋（5）＋（7）＋（9）	10		2971370
	11		
仮装経理に基づく過大申告の更正に伴う控除法人税額	12		
控除税額	13		
差引所得に対する法人税額（10）－（11）－（12）－（13）	14		2971300
中間申告分の法人税額	15		
差引確定/中間申告の場合はその法人税額（14）－（15）税額とし、マイナスの場合は（22）へ記入	16		2971300

			千億　百万　千　円
控除税額の計算 所得税の額（別表六（一）「6の③」）	17		
外国税額（別表六（二）「20」）	18		
計（17）＋（18）	19		
控除した金額（13）	20		
控除しきれなかった金額（19）－（20）	21		
土地譲渡税額の内訳 土地譲渡税額（別表三（二）「27」）	22		000
同（別表三（二の二）「28」）	23		000
同（別表三（三）「23」）	24		000
この申告による還付金額 所得税額等の還付金額（21）	25		
中間納付額（15）－（14）	26		
欠損金の繰戻しによる還付請求税額	27		
計（25）＋（26）＋（27）	28		
この申告が修正申告である場合のこの申告により納付すべき法人税額又は欠損金額（60）	29		
この申告前の所得に対する法人税額又は減少する還付請求税額	30		000
欠損金又は災害損失金等の当期控除額（別表七（一）「4の計」＋（別表七（二）「9」又は「21」）	31		
翌期へ繰り越す欠損金又は災害損失金（別表七（一）「5の合計」）	32		

			千億　百万　千　円
この申告による地方法人税額の計算 法人税額の基準法人税額（33）＝（2）＋（4）＋（6）の外書＋（9）の外書	33		2971370
課税留保金額に対する法人税額	34		
課税標準法人税額（33）＋（34）	35		2971000
地方法人税額（58）	36		306013
課税留保金額に係る地方法人税額（59）	37		
所得地方法人税額（36）＋（37）	38		306013
仮装経理に基づく過大申告の更正に伴う控除地方法人税額	39		
外国税額の控除額（別表六（二）「50」）	40		
仮装経理に基づく過大申告の更正に伴う控除地方法人税額	41		
差引地方法人税額（38）－（39）－（40）－（41）	42		306000
中間申告分の地方法人税額	43		000
差引確定/中間申告の場合はその地方法人税額（42）－（43）税額とし、マイナスの場合は（45）へ記入	44		306000

			千億　百万　千　円
この申告による還付金額（43）－（42）	45		
この申告が修正申告である場合の所得の金額に対する法人税額（61）	46		
課税留保金額に対する法人税額（70）	47		
課税標準法人税額（70）	48		000
この申告により納付すべき地方法人税額（49）	49		000

剰余金・利益の配当（剰余金の分配）の金額

残余財産の最後の分配又は引渡しの日

決算確定の日

還付を受けようとする金融機関等

銀行　本店・支店
金庫・組合　出張所　預金
農協・漁協　本所・支所

口座番号

ゆうちょ銀行の貯金記号番号

※税務署処理欄

税理士署名押印　㊞

事業 年度等	X1・4・1 X2・3・31	法人名	学校法人　税務入門学園

法 人 税 額 の 計 算

(1)のうち中小法人等の年800万円相当 額以下の金額 ((1)と800万円×□／12のうち少ない金額)	50	8,000,000	(50) の 15 % ~~又は 19 %~~ 相当額	53	1,200,000
(1)のうち特例税率の適用がある協同 組合等の年10億円相当額を超える金額 (1)－10億円×□／12	51	000	(51) の 22 % 相 当 額	54	
そ の 他 の 所 得 金 額 (1)－(50)－(51)	52	9,323,000	(52) の 19 % ~~又は 23.2 %~~ 相当額	55	1,771,370

地 方 法 人 税 額 の 計 算

所 得 の 金 額 に 対 す る 法 人 税 額 (33)	56	2,971,000	(56) の ~~4.4 %~~ 又は 10.3 % 相当額　(注)	58	306,013
課 税 留 保 金 額 に 対 す る 法 人 税 額 (34)	57	000	(57) の 4.4 % 又は 10.3 % 相当額	59	

こ の 申 告 が 修 正 申 告 で あ る 場 合 の 計 算

法人税額の計算	この申告前の	所得金額又は欠損金額	60		地方法人税額の計算	この申告前の	所 得 の 金 額 に 対 す る 法 人 税 額	68	
		課 税 土 地 譲 渡 利 益 金 額	61				課 税 留 保 金 額 に 対 す る 法 人 税 額	69	
		課 税 留 保 金 額	62				課 税 標 準 法 人 税 額 (68)＋(69)	70	000
		法 人 税 額	63				確 定 地 方 法 人 税 額	71	
		還 付 金 額	64	外			中 間 還 付 額	72	
	この申告により	この申告により納付すべき法人税額 又は減少する還付請求税額 ((16)－(63))若しくは((16)＋(64)) 又は((64)－(28))	65	外 00		この申告により	欠 損 金 の 繰 戻 し に よ る 還 付 金 額	73	
		欠損金又は災害損失金等 の 当 期 控 除 額	66				この申告により納付すべき 地 方 法 人 税 額 ((44)－(71))若しくは((44)＋(72)＋(73)) 又は((72)－(45))＋((73)－(45の外書)))	74	00
		翌期へ繰り越す欠損金 又 は 災 害 損 失 金	67						

(注) 2019 年 10 月 1 日以後開始事業年度からは 10.3%

54

様式第一

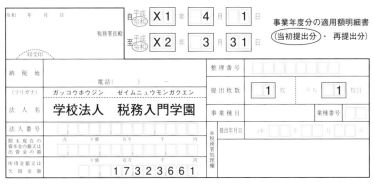

令和　　年　　月　　日			自 平成 令和 **X1** 年 **4** 月 **1** 日 至 平成 令和 **X2** 年 **3** 月 **31** 日	事業年度分の適用額明細書 （当初提出分）・ 再提出分	
税務署長殿 収受印					
納税地	電話（　　）		整理番号		
（フリガナ）	ガッコウホウジン　ゼイムニュウモンガクエン		提出枚数	**1** 枚　のうち　**1** 枚目	
法人名	学校法人　税務入門学園		事業種目		業種番号
法人番号			※税務署処理欄	提出年月日 令和　　年　　月　　日	
期末現在の資本金の額又は出資金の額					
所得金額又は欠損金額	17323661				

租　税　特　別　措　置　法　の　条　項	区　分　番　号	適　用　額
第 **42** 条の **3の2** 第 **1** 項第 **3** 号	0 0 3 8 2	8 0 0 0 0 0 0
第　　条　　第　　項第　　号		
第　　条　　第　　項第　　号		
第　　条　　第　　項第　　号		
第　　条　　第　　項第　　号		
第　　条　　第　　項第　　号		
第　　条　　第　　項第　　号		
第　　条　　第　　項第　　号		
第　　条　　第　　項第　　号		
第　　条　　第　　項第　　号		
第　　条　　第　　項第　　号		
第　　条　　第　　項第　　号		
第　　条　　第　　項第　　号		
第　　条　　第　　項第　　号		
第　　条　　第　　項第　　号		
第　　条　　第　　項第　　号		
第　　条　　第　　項第　　号		
第　　条　　第　　項第　　号		

所得の金額の計算に関する明細書（簡易様式）　事業年度 X1・4・1 X2・3・31　法人名 学校法人　税務入門学園

区　　　分		総　　額 ①	処　　分		
			留　保 ②	社　外　流　出 ③	
当期利益又は当期欠損の額	1	円	円	配当	
				その他	円
加	損金経理をした法人税及び地方法人税(附帯税を除く。)	2	△352,678	△352,678		
	損金経理をした道府県民税及び市町村民税	3				
	損金経理をした納税充当金	4				
	損金経理をした附帯税(利子税を除く。)、加算金、延滞金(延納分を除く。)及び過怠税	5			その他	
	減価償却の償却超過額	6				
	役員給与の損金不算入額	7			その他	
	交際費等の損金不算入額	8			その他	
		9				
		10				
	小　　　計	11				
減	減価償却超過額の当期認容額	12				
	納税充当金から支出した事業税等の金額	13				
	受取配当等の益金不算入額(別表八(一)「13」又は「26」)	14			※	
	外国子会社から受ける剰余金の配当等の益金不算入額(別表八(二)「26」)	15			※	
	受贈益の益金不算入額	16			※	
	適格現物分配に係る益金不算入額	17			※	
	法人税等の中間納付額及び過誤納に係る還付金額	18				
	所得税額等及び欠損金の繰戻しによる還付金額等	19			※	
		20				
算	小　　　計	21			外 ※	
仮　計 (1)+(11)-(21)		22	△352,678	△352,678	外 ※	
関連者等に係る支払利子等の損金不算入額(別表十七(二の二)「24」又は「29」)		23			その他	
超過利子額の損金算入額(別表十七(二の三)「10」)		24	△		※	△
仮　計 (22)から(24)までの計		25	△352,678	△352,678	外 ※	
寄附金の損金不算入額(別表十四(二)「24」又は「40」)		27	17,676,339		その他	17,676,339
法人税額から控除される所得税額(別表六(一)「6の③」)		29			その他	
税額控除の対象となる外国法人税の額(別表六(二の二)「7」)		30			その他	
分配時調整外国税相当額及び外国関係会社等に係る控除対象所得税額等相当額(別表六(五の二)「5の②」)+(別表十七(三の六)「1」)		31			その他	
合　計 (25)+(27)+(29)+(30)+(31)		34	17,323,661	△352,678	外 ※	17,676,339
契約者配当の益金算入額(別表九(一)「13」)		35				
中間申告における繰戻しによる還付に係る災害損失欠損金額の益金算入額		37			※	
非適格合併又は残余財産の全部分配等による移転資産等の譲渡利益額又は譲渡損失額		38			※	
差　引　計 (34)+(35)+(37)+(38)		39	17,323,661	△352,678	外 ※	17,676,339
欠損金又は災害損失金等の当期控除額(別表七(一)「4の計」+(別表七(四)「10」)		40	△		※	△
総　計 (39)+(40)		41	17,323,661	△352,678	外 ※	17,676,339
新鉱床探鉱費又は海外新鉱床探鉱費の特別控除額(別表十(三)「43」)		42	△		※	△
残余財産の確定の日の属する事業年度に係る事業税の損金算入額		46	△	△		
所得金額又は欠損金額		47	17,323,661	△352,678	外 ※	0

利益積立金額及び資本金等の額の計算に
関する明細書

事業 年度	X1・4・1 X2・3・31	法人名	学校法人　税務入門学園

別表五（一）　平三十一・四・一以後終了事業年度分

Ⅰ　利益積立金額の計算に関する明細書

区　　分		期首現在 利益積立金額 ①	当　期　の　増　減		差引翌期首現在 利益積立金額 ①－②＋③ ④
			減 ②	増 ③	
利　益　準　備　金	1	円	円	円	円
積　　立　　金	2				
	3				
	4				
	5				
	6				
	7				
	8				
	9				
	10				
	11				
	12				
	13				
	14				
	15				
	16				
	17				
	18				
	19				
	20				
	21				
	22				
	23				
	24				
	25				
繰越損益金（損は赤）	26	2,452,678	2,452,678	2,100,000	2,100,000
納　税　充　当　金	27				
未納法人税等（退職年金等積立金に対するものを除く。）	未納法人税及び未納地方法人税（附帯税を除く。）	28	△	△	中間 △ 確定 △ 3,102,000	△ 3,102,000
	未納道府県民税（均等割額を含む。）	29	△	△	中間 △ 0 確定 △	△ 0
	未納市町村民税（均等割額を含む。）	30	△	△	中間 △ 確定 △	△
差　引　合　計　額	31	2,452,678	2,452,678	△ 1,002,000	△ 1,002,000

Ⅱ　資本金等の額の計算に関する明細書

区　　分		期首現在 資本金等の額 ①	当　期　の　増　減		差引翌期首現在 資本金等の額 ①－②＋③ ④
			減 ②	増 ③	
資本金又は出資金	32	円	円	円	円
資　本　準　備　金	33				
	34				
	35				
差　引　合　計　額	36				

租税公課の納付状況等に関する明細書

| 事業年度 | X1・4・1 ～ X2・3・31 | 法人名 | 学校法人　税務入門学園 |

税　目　及　び　事　業　年　度				期首現在未納税額 ①	当期発生税額 ②	当期中の納付税額 充当金取崩しによる納付 ③	仮払経理による納付 ④	損金経理による納付 ⑤	期末現在未納税額 ①+②-③-④-⑤ ⑥
法人税及び地方法人税		・　・	1	円			円	円	円
		・　・	2						
	当期分	中　間	3		円				
		確　定	4		3,277,300				3,277,300
		計	5		3,277,300				3,277,300
道府県民税		・　・	6						
		・　・	7						
	当期分	中　間	8		0				0
		確　定	9		0				0
		計	10		0 / 0				0 / 0
市町村民税		・　・	11						
		・　・	12						
	当期分	中　間	13						
		確　定	14						
		計	15						
事業税		・　・	16						
		・　・	17						
	当　期　中　間　分		18						
	計		19						
その他	損金算入のもの	利　子　税	20						
		延　滞　金（延納に係るもの）	21						
			22						
			23						
	損金不算入のもの	加算税及び加算金	24						
		延　滞　税	25						
		延　滞　金（延納分を除く。）	26						
		過　怠　税	27						
			28						
			29						

納　税　充　当　金　の　計　算

繰入額	期首納税充当金	30	円	取崩額	その他	損金算入のもの	36	円
	損金経理をした納税充当金	31				損金不算入のもの	37	
		32					38	
	計（31）＋（32）	33				仮払税金消却	39	
取崩額	法人税額等（5の③）＋（10の③）＋（15の③）	34				計（34）＋（35）＋（36）＋（37）＋（38）＋（39）	40	
	事業税（19の③）	35		期末納税充当金（30）＋（33）－（40）			41	

58

③ 寄附金の損金算入に関する明細書

事業年度	X1・4・1 X2・3・31	法人名	学校法人　税務入門学園

公益法人等以外の法人の場合

区分		番号	金額
支出した寄附金の額	指定寄附金等の金額 (41の計)	1	円
	特定公益増進法人等に対する寄附金額 (42の計)	2	
	その他の寄附金額	3	
	計 (1)+(2)+(3)	4	
	完全支配関係がある法人に対する寄附金額	5	
	計 (4)+(5)	6	
一般寄附金の損金算入限度額の計算	所得金額仮計 (別表四「25の①」+「26の①」)	7	
	寄附金支出前所得金額 (6)+(7)（マイナスの場合は0）	8	
	同上の 2.5又は1.25/100 相当額	9	
	期末の資本金等の額 (別表五(一)「36の①」)（マイナスの場合は0）	10	
	同上の月数換算額 (10)×12/12	11	
	同上の 2.5/1,000 相当額	12	
	一般寄附金の損金算入限度額 ((9)+(12))×1/4	13	
特定公益増進法人等に対する寄附金の特別損金算入限度額の計算	寄附金支出前所得金額の 6.25/100 相当額 (8)×6.25/100	14	
	期末の資本金等の額の月数換算額の 3.75/1,000 相当額 (11)×3.75/1,000	15	
	特定公益増進法人等に対する寄附金の特別損金算入限度額 ((14)+(15))×1/2	16	
	特定公益増進法人等に対する寄附金の損金算入額 (2)と((14)又は(16))のうち少ない金額	17	
	指定寄附金等の金額 (1)	18	
	国外関連者に対する寄附金額及び本店等に対する内部寄附金額	19	
	(4)の寄附金額のうち同上の寄附金以外の寄附金額 (4)-(19)	20	
損金不算入額	同上のうち損金の額に算入されない金額 (20)-((9)又は(13))-(17)-(18)	21	
	国外関連者に対する寄附金額及び本店等に対する内部寄附金額 (19)	22	
	完全支配関係がある法人に対する寄附金額 (5)	23	
	計 (21)+(22)+(23)	24	

公益法人等の場合

区分		番号	金額
支出した寄附金の額	長期給付事業への繰入利子額	25	円
	同上以外のみなし寄附金額	26	3,500,000
	その他の寄附金額	27	
	計 (25)+(26)+(27)	28	3,500,000
損金算入限度額の計算	所得金額仮計 (別表四「25の①」)	29	△352,678
	寄附金支出前所得金額 (28)+(29)（マイナスの場合は0）	30	34,647,322
	同上の 20又は50/100 相当額 〔50/100 相当額が年200万円に満たない場合（当該法人が公益社団法人又は公益財団法人である場合を除く。）は、年200万円〕	31	17,323,661
	公益社団法人又は公益財団法人の公益法人特別限度額 (別表十四(二)付表「3」)	32	
	長期給付事業を行う共済組合等の損金算入限度額 (25)と純資産の平5.5％相当額のうち少ない金額	33	
	損金算入限度額 (31)、(31)と(32)のうち多い金額)又は((31)と(33)のうち多い金額)	34	17,323,661
	指定寄附金等の金額 (41の計)	35	
	国外関連者に対する寄附金額及び完全支配関係がある法人に対する寄附金額	36	
	(28)の寄附金額のうち同上の寄附金以外の寄附金額 (28)-(36)	37	35,000,000
損金不算入額	同上のうち損金の額に算入されない金額 (37)-(34)-(35)	38	17,676,339
	国外関連者に対する寄附金額及び完全支配関係がある法人に対する寄附金額 (36)	39	
	計 (38)+(39)	40	17,676,339

指定寄附金等に関する明細

寄附した日	寄附先	告示番号	寄附金の使途	寄附金額 41
				円
			計	

特定公益増進法人若しくは認定特定非営利活動法人等に対する寄附金又は認定特定公益信託に対する支出金の明細

寄附した日又は支出した日	寄附先又は受託者	所在地	寄附金の使途又は認定特定公益信託の名称	寄附金額又は支出金額 42
				円
		計		

その他の寄附金のうち特定公益信託（認定特定公益信託を除く。）に対する支出金の明細

支出した日	受託者	所在地	特定公益信託の名称	支出金額
				円

第**3**章

所得税

1　学校法人の源泉徴収義務

　人を雇って給与を支払ったり，税理士などに報酬を支払ったりする場合には，その支払いの都度支払金額に応じた所得税及び復興特別所得税を差し引き，差し引いた所得税及び復興特別所得税を原則として給与などを実際に支払った月の翌月の 10 日までに国に納めなければなりません。

　この所得税及び復興特別所得税を差し引いて，国に納める義務のあるものを源泉徴収義務者といいますが，学校法人も源泉徴収義務者となります。

　学校法人の支出の中で源泉徴収義務が発生するものとしては以下のようなものがあります。

【給与等】

　俸給，給料，賃金，歳費，賞与その他これらの性質を有するもの。現物給与や特に有利な条件での金銭の貸付等の経済的利益もこれに含まれます。

【退職手当等】

　退職手当，一時恩給その他これらの性質を有するもの。

【報酬・料金等】

　①　原稿料，デザイン料，講演料，工業所有権の使用料等

　　試験問題の出題料又は各種答案の採点料は源泉徴収の対象外とされてい

ます（所基通204‐6〔表6〕参照）。

② 弁護士，公認会計士，税理士，社会保険労務士，不動産鑑定士等の報酬・料金

③ 司法書士，土地家屋調査士，海事代理士の報酬・料金

①，②は，同一人に対して1回に支払う金額が100万円以下の場合は支払額の10.21％，100万円を超える場合は超えた部分については20.42％を源泉徴収します。

③は，源泉徴収すべき所得税の額を，同一人に対し，1回に支払われる金額から1万円を差し引いた残額に10％の税率を乗じて算出します。

謝金，取材費，調査費，車代などの名目で支払いをする場合でも，実態が原稿料や講演料と同じ場合は報酬・料金等として源泉徴収の対象となります。

旅費や宿泊費などの支払いも原則的には報酬・料金等に含まれますが，通常必要な範囲の金額で，報酬・料金等の支払者が直接ホテルや旅行会社等に支払った場合は，報酬・料金等に含めなくてもよいとされています。

報酬・料金等の額の中に消費税及び地方消費税の額（以下「消費税等の額」という）が含まれている場合は，原則として，消費税等の額を含めた金額を源泉徴収の対象としますが，請求書等において報酬・料金等の額と消費税等の額が明確に区分されている場合には，その報酬・料金等の額のみを源泉徴収の対象とする金額として差支えないとされています。

なお，平成25年1月1日から令和19年12月31日までの間に生ずる所得について源泉所得税を徴収する際には，復興特別所得税を併せて源泉徴収する必要があります（復興財源確保法28条）。

源泉徴収すべき所得税及び復興特別所得税の額は，源泉徴収の対象となる支払金額等に対して合計税率(※)を乗じた額となります。

＜合計税率の算式＞

合計税率（％）＝所得税率（％）× 102.1％

　また，所得税及び復興特別所得税の端数精算は，所得税及び復興特別所得税の合計額によって行うとされており，源泉徴収の対象となる支払金額等に対して合計税率を乗じた金額について，1円未満の端数を切り捨てた金額を源泉徴収します。

2　学資金，子弟入学時の納付金減免

１　学資に充てるために給付される金品等の取扱い

　学資に充てるために給付される金品等の取扱いは，「学資に充てるため給付される金品（給与その他対価性の性質を有するもの（給与所得を有する者がその使用者から受けるものにあっては，通常の給与に加算して受けるものであって，次に掲げる場合に該当する者以外のものを除く）を除く）及び扶養義務者相互間において扶養義務を履行するため給付される金品」は非課税所得と規定されています（所法9条1項15号）。

　扶養義務者相互間において教育費に充てるために支出した金品のうち通常必要と認められるものについては，課税対象となりません。

　「扶養義務者」とは，次の者をいいます。

① 　配偶者
② 　直系血族及び兄弟姉妹
③ 　家庭裁判所の審判を受けて扶養義務者となった三親等内の親族
④ 　三親等内の親族で生計を一にする者

　「通常必要と認められる教育費」とは，被扶養者の教育上通常必要と認められる学資，教材費，文具費，通学のための交通費，学級費，修学旅行参加費等をいい，義務教育に係る費用に限りません。

　なお，個人から受ける入学祝等の金品は，社交上の必要によるもので贈与した者と贈与を受けた者との関係等に照らして社会通念上相当と認められるもの

については，課税対象となりません。

また，「教育資金の一括贈与」については，別途「直系尊属から教育資金の一括贈与」を受けた場合の贈与税の非課税が設けられています（措法70の2の2）。ただし，贈与をする日の前年分の贈与を受けた者の所得税の合計所得金額が1,000万円を超える場合には，非課税の特例を受けることができません。

2　教職員の子弟に支給する学資金の取扱い

所得税法上，非課税とされる「学資に充てるために給付される金品」に該当しないため，教職員に対する給与等として源泉徴収が必要となります。

支給を受ける子弟の父兄等が学校の教職員として勤務していることにより（雇用等関係にあることに起因して）支払われるものであり，家族手当の一種と認められます。したがって，支給を受ける人の名義が教職員であるか，その子弟であるかを問わず，「学資に充てるため給付される金品」には該当せず，その教職員に対する給与等として所定の源泉徴収が必要です。

3　教職員の子弟が入学した際の納付金減免額の取扱い

入学金，授業料等の一部免除による経済的利益について，所得税法上は，学資に充てるために給付される金品には該当しませんので，非課税とはされません。

学校が教職員の子弟に係る授業料の額の一部を免除することにより，その教職員が受ける経済的利益については，教職員である（使用人である）ことを理由として免除するものであり，給与の性質を有すると認められますので，その教職員に対する給与等として源泉徴収が必要です。

なお，学校が広く一般に奨学生を公募した結果，たまたまその支給を受けられる者の中に教職員等の子弟が含まれている場合には，役務の対価性がありませんので，本来の学資金として非課税とされます。

　納付金の減免等について学校法人会計上は，学校法人委員会報告第30号「授業料等の減免に関する会計処理及び監査上の取扱いについて」（昭和58年3月28日，日本公認会計士協会）が公表され，これによれば，「授業料の減免を行った場合には，減免額控除前の金額を学生生徒等納付金収入に計上し，減免額は減免の理由に応じ教育研究経費（例えば「奨学費支出」），ないし人件費支出とし計上するものとする」としています。

4　学校医に支払う報酬の源泉徴収

　学校が保健室の設置や診察器等を用意し，健康診断や日時を定めた定期的な診察が行われ，また，出勤日と勤務時間があらかじめ定められ毎月一定額を報酬として支払っている場合，当該契約は雇用契約に類する契約と判断できるため，支払う報酬は，給与所得として源泉徴収が必要です。

　学校医に支払われる報酬が事業所得になるか，給与所得になるかは，学校医として契約した者が開業医であるか勤務医であるかに関係なく，学校医としての業務内容を個別に検討して判断することになります。

　一般的に，事業所得とは，自己の計算と危険において独立して営まれ，営利性及び有償性を有し，かつ反復継続して遂行する意思と社会的地位とが客観的に認められる業務から生じる所得というものとされています。これに対して，給与所得は，雇用契約又はこれに類する原因に基づいて使用者の指揮命令に服して提供した労務の対価として使用者から受ける給付というものを解されています。

3　非居住者

■1　非居住者である扶養親族・配偶者に適用可能な所得控除

(1)　学校法人の教職員の扶養親族や配偶者が外国に居住している場合

　所得税法では，居住者・非居住者とでは受けられる所得控除の種類に違いがあり，居住者の場合は雑損控除，医療費控除，社会保険料控除，小規模企業共済等掛金控除，生命保険料控除，地震保険料控除，寄附金控除，障害者控除，寡婦（寡夫）控除，勤労学生控除，配偶者控除，配偶者特別控除，扶養控除，所得金額調整控除，基礎控除が受けられますが（所法72〜79条，同81条から84条，同86条，措法41条の3の3），非居住者の場合は，雑損控除（非居住者の有する資産のうち国内にあるものについて生じた損失に限られる），寄附控除，基礎控除のみが受けられる（所法165条，所令292条）ので，納税者が非居住者である場合は扶養控除や配偶者控除等の適用を受けることはできません。

　扶養控除について，所得税法上，その納税者にとっての扶養親族とは，その年の12月31日（その納税者が年の中途で死亡し又は出国する場合には，その死亡又は出国の時）の現況で，次の全ての要件に当てはまる者をいいます。

A　配偶者以外の親族（6親等内の血族及び3親等内の姻族），都道府県知事から養育を委託された児童又は市町村長から養護を委託された老人であること

B　その納税者と生計を一にしていること

C　年間の合計所得額が48万円以下であること

D　青色申告者の事業専従者として，その年を通じて一度も給与の支払いを受けていないこと，又は白色申告者の事業専従者でないこと

　また，「生計を一にしていること」の意義について，必ずしも同一の家屋に起居していることをいうものではないとしており，勤務，修学，療養等の都合上他の親族と日常の起居を共にしていない親族がいる場合であっても，勤務，

修学等の余暇には当該他の親族のもとで起居を共にすることを常例としている場合や，これらの親族間において，常に生活費，学資金，療養費等の送金が行われている場合には，これらの親族は生計を一にするものとします（所基通2-47）。

したがって，外国に住んでいる扶養親族についても扶養控除の適用を受けることができますが，以下の①又は②（外国語で作成されている場合にはその翻訳文を含む）を確定申告書に添付又は呈示する必要があります。

① 　送金関係書類（海外の扶養家族各人に必要の都度，生活費又は教育費として送金した海外送金の証明書控など）

② 　親族関係書類（扶養親族の関係を証明できる公的な書類など）

令和2年度税制改正大綱（令和元年12月12日，自由民主党・公明党，以下「令和2年大綱）によれば，令和5年1月1日以後に支払われる給与につき，令和5年分以後の所得税から下記の取扱いが行われる予定です。

国外居住親族に係る扶養控除について，非居住者である親族に係る扶養控除の対象となる親族から，年齢30歳以上70歳未満の者であって次のいずれにも該当しない者を除く。

(1) 　留学により非居住者となった者（証明書類の提出又は提示必要）

(2) 　障害者

(3) 　その居住者からその年における生活費又は教育費に充てるための支払いを38万円以上受けている者（証明書類の提出又は提示必要）

参考までに，最近話題の「外国人技能実習生」や「特定技能外国人」が，在留予定期間等をポイントに住所の推定規定（所令14条1項）により「居住者」に該当した場合にも，国外居住親族に係る扶養控除が適用できます。

また，配偶者控除の対象配偶者とは，「居住者の配偶者でその居住者と生計を一にするもののうち，合計所得金額が38万円，令和2年以降は48万円以

下である者」とされています（所法2条1項33号）。

扶養控除と同様に，海外にいる配偶者も配偶者控除の対象となります。

2 非居住者に支給する通勤手当の取扱い

所得税法上，給与所得を有する者の通勤手当の取扱いについて，居住者・非居住者で相違はないと考えられます。給与所得を有する者で通勤するものがその通勤に必要な交通機関の利用又は交通用具の使用のために支出する費用に充てるものとして通常の給与に加算して受ける通勤手当（これに類するものを含む）のうち，一般の通勤者につき通常必要であると認められる部分として政令で定めるものについては所得税を課さないとしています。

給与所得とは何かについて，所得税法第28条に定められていますが，非居住者の国内源泉所得について定めた（所法161条1項12号イ）にいう給与は所得税法第28条にいう給与等と内容は同じであり，給与所得を有する非居住者の通勤手当についても給与所得を有する居住者に準じて取り扱って差し支えないものと考えられます。

4 大学教員に支給する研究費等，日直手当支給の取扱いなど

1 大学教員に支給する研究費等の取扱い

大学に勤務する教授，准教授，講師，助手等（以下これらを「教授等」という）が当該大学から支給を受ける研究費，出版助成金，表彰金等に対する所得税の課税に関しては，次のとおり取り扱うこととなっています。

項目	所得税の課税の取扱い
個人研究費等の名目で，年額又は月額で支給され渡切のもの	教授等の給与所得とする

大学から与えられた研究課目等の研究のために必要な金額としてあらかじめ支給される研究奨励金のようなもの	教授等の給与所得とする
教授等がその研究成果を自費出版する場合の大学から支給を受ける出版助成金等	出版の実態に応じ，当該教授の雑所得又は事業所得の収入金額とする
学術上の研究に特に成果を上げた教授等を表彰するものとして大学から支給する表彰金等	当該教授等の一時所得とする

① 個人研究費，特別研究費，研究雑費又は研究費補助等の名目で，教授等の地位又は資格等に応じ，年額又は月額により支給されるものについては，その教授等の給与所得として取り扱われることとなっています。ただし，大学が当該教授等からその費途の明細を徴し，かつ，購入した物品が全て大学に帰属するものである等，大学が直接支出すべきであったものを当該教授等を通じて支出したものと認められる場合には課税されないこととなっています。なお，「大学が直接支出すべきであったもの」となっていることから，当該物品である図書や備品の管理は，当然，学校が行っていることが必要です。

② 大学から与えられた研究題目又は当該教授等の選択による研究題目の研究のために必要な金額としてあらかじめ支給される研究奨励金のようなものについても，上記と同様の取扱いとなります。

③ 教授等がその研究の成果を自費出版しようとする場合に，大学から支給を受ける出版助成金等については，当該出版の実態に応じ，当該教授等の雑所得又は事業所得として取り扱われることとなっています。

④ 学術上の研究に特に成果を挙げた教授等又は教育実践上特に功績のあった教授等を表彰するものとして大学から支給される表彰金等は，その教授の一時所得として取り扱われます。ただし，当該表彰は，外部において表彰される場合であって，学内審査等によって表彰される場合には，給与所得になるものと考えられます（所個9　直所2-59　昭和33年8月20

日）。

2 日直手当支給に係る取扱い

日直手当に関し，非課税の適用を受けるための所得税法上の留意点は以下の
とおりです。

① 4,000円まで非課税と規定されています。4,000円のうち，「宿直又は
日直の勤務をすることにより支給される食事がある場合には，4,000円
からその食事の価額を控除した残額」となっていますので，食事を支給
するのであれば，非課税枠は減額されます（所基通28‐1）。

② 「休日又は夜間の留守番だけを行うために雇用された者及びその場所に
居住し，休日又は夜間の留守番を含めた勤務を行うものとして雇用され
た者に当該留守番に相当する勤務について支給される宿直料又は日直料」
は除くと規定されているため，例えば週末の土曜日・日曜日だけ勤務す
る人を雇用した場合には，非課税規定が適用されません（所基通28‐1）。

③ 「宿直又は日直の勤務をその者の通常の勤務時間内の勤務として行った
者及びこれらの勤務をしたことにより休日休暇が与えられる者に支給さ
れる宿直料又は日直料」は除くと規定されているため，振替休日を与え
た場合には，非課税規定は適用されません（所基通28‐1）。

④ 「宿直又は日直の勤務をする者の通常の給与等の額に比例した金額又は
当該給与等の額に比例した金額に近似するように当該給与等の額の階級
区分等に応じて定められた金額により支給される宿直料又は日直料」は
除くと規定されているため，日直手当は定額である必要があります（所基
通28‐1）。

日直者の階級等に基づいて支給すると割増賃金と同じ考え方となり，非
課税規定が適用できなくなります。

⑤ 同一人が宿直と日直とを引き続いて行った場合（土曜日等通常の勤務時間
が短い日の宿直で宿直としての勤務時間が長いため，通常の日の宿直料よりも多

額の宿直料が支給される場合を含む）には，通常の宿直又は日直に相当する勤務時間を経過するごとに宿直又は日直を1回行ったものとして取り扱うこととなっています（所基通28‐2）。

❸　インターンシップ関係

新入社員等の採用活動を行う際にインターンシップを実施する日本企業が増えてきており，日本人の大学生だけでなく，外国の大学に在学する学生（外国人大学生）を受け入れることも生じています。

外国人大学生については，当該外国人の出身国と日本との間の租税条約の中に，いわゆる「学生条項」が含まれている場合には，その外国人大学生に支払う給与等に係る源泉所得税が免税対象となります。ただし，インターンシップで来日して外国人大学生は，学生であるものの，日本の大学に在学していないため，「学生条項」における「学生」に該当せず，非居住者に該当する場合には，企業側では国内源泉所得として20.42％の源泉徴収の対象となります。

一方，日本の大学に留学している外国人については，「学生」に該当するため，最初の給与等の支払日の前日までに，税務署に対して，給与等の支払者である企業を経由して「租税条約に関する届出書」のほかに，当該留学生が在学する学校法人が発行する在学証明書等を提出すれば免税措置が受けられます。もし留学生から問い合わせがあった場合には上述した内容を踏まえて対応してください。

❹　その他

令和2年大綱によれば，高等学校等就学支援金の支給に関する法律の「高等学校等就学支援金」について，所要の法令改正を前提に所得税を課さないとされています。

第4章

消費税等

　消費税等（消費税と地方消費税の合計額）は，国内での商品の販売やサービスの提供等を課税対象とする，消費に広く負担を求める間接税です。消費税額は，価格に上乗せされ，最終的には消費者が負担することとなりますが，納税は取引の各段階で各事業者が行います。学校法人等についても，国内で課税対象となる取引を行う場合には，その取引が収益事業に該当するか否かにかかわらず，消費税の納税義務者となります。

1　軽減税率とインボイス制度の導入

　令和元年 10 月 1 日から消費税率が 10％へ引き上げられたことに伴い，飲食料品の譲渡と新聞の定期購読料について 8％の軽減税率が導入されました。10 月 1 日以後は，学校法人が行う取引について，新標準税率 10％，旧標準税率 8％，軽減税率 8％の 3 つの税率が混在することになります。

　軽減税率以外にも，10 月 1 日をまたぐ取引について新標準税率 10％と旧標準税率 8％のどちらが適用になるのか経過措置の取扱いにも注意が必要です。経理方式も現行の請求書等保存方式から，10 月 1 日より区分記載請求書等保存方式，2023 年（令和 5 年）10 月 1 日からは適格請求書等保存方式が導入されます。

1 軽減税率とは

旧標準税率8％と軽減税率8％は国税と地方税の内訳が異なりますので，消費税計算上は区分して計算しなければなりません。仕訳入力の時点で両者を区分して入力する必要があります。

▶ 税率改定と消費税率と地方消費税率の割合

	令和元年9月30日まで	令和元年10月1日以後	
		標準税率	軽減税率
消費税率	6.3%	7.8%	6.24%
地方消費税率	1.7%	2.2%	1.76%
合計	8.0%	10.0%	8.0%
消費税率と地方消費税率の割合	$\dfrac{17}{63}$	$\dfrac{22}{78}$	$\dfrac{22}{78} = \dfrac{1.76}{6.24}$
税込み価格に占める消費税の割合	$\dfrac{6.3}{108}$	$\dfrac{7.8}{110}$	$\dfrac{6.24}{108}$

軽減税率8％の適用にあたっては，「何が軽減税率8％の対象となるか」を理解する必要があります。学校法人においては，「新聞の定期購読料」と「酒類及び外食を除く飲食料品の譲渡」の2つの取引が軽減税率8％の対象となります。

参考までに，消費者向け価格表示は，税込価格を表示することが義務付けられていますが（総額表示），消費税率が段階的に引き上げられる過程で，事業者の事務負担に配慮する目的のもと，特例として誤認防止措置を講ずることを前提に，税抜価格での価格表示が認められています（事業者間では総額表示義務の対象とはなりません）。この特例は平成25年10月1日から令和3年3月31日までの間適用されます。

❷　新聞の定期講読料

(1)　軽減税率の対象となる新聞とは

軽減税率の対象となる新聞とは，一定の題号を用い，政治，経済，社会，文化等に関する一般社会的事実が掲載された週2回以上発行されるものをいい，一般紙だけでなく業界新聞やスポーツ新聞も対象となります。他方でインターネットを通じて配信される電子版の新聞は対象となりません。

定期購読契約が締結されることも要件ですので，駅売店やコンビニエンスストアなどで購入する新聞は対象となりません。

(2)　学校法人の新聞の定期購読料

学校法人の資金収支計算書では，以下の科目で新聞の購入支出を計上します。

> A　「出版物費支出」（教育研究経費）　…　新聞（一般紙），スポーツ新聞，小中高生新聞
>
> B　「出版物費支出」（管理経費）　…　新聞（一般紙）

図書館や職員室で閲覧する新聞の一般紙，スポーツ新聞や小中高生新聞などは(教)出版物費，事務室で使用する新聞の一般紙は(管)出版物費で計上します。

軽減税率の対象となる新聞の定期購読料は，週2回以上発行されることが要件ですので，毎日発行される一般紙やスポーツ新聞が対象となります。

多くの学校法人が定期購読している小中高生新聞は発行回数により異なります。週1回しか発行されない小学生新聞や中高生新聞は，標準税率10％の対象となりますが，毎日発行される小学生新聞は軽減税率の対象となります。

同じ出版物費の新聞でも税率が異なるものが混在するため，仕訳入力の際には留意が必要です。

3 酒類及び外食を除く飲食料品の譲渡

(1) 軽減税率の対象となる飲食料品とは

　軽減税率の対象となる飲食料品とは，食品表示法に規定する食品をいい，米，野菜，肉や魚などの生鮮食品，パンや麺類，弁当などの加工食品が対象となります。酒税が課される酒類や飲食設備を設けて行う外食は除かれます。

　軽減税率8％の対象となる飲食料品のイメージは，以下のとおりです。

▶ **飲食料品のイメージ**

（出典：中小企業庁のホームページを一部変更）

　軽減税率の導入は，学校給食事業，売店事業そして学生食堂を営んでいる学校法人に大きく影響します。

(2) 学校法人の飲食料品の譲渡（支出）

　学校法人の資金収支計算書では，以下の科目で飲食料品の購入支出を計上します。

A	「消耗品費支出」（教育研究経費） ………………	家庭科実習用の飲食料品
B	「消耗品費支出」（管理経費） ………………	非常用食品

C	「福利費支出」（教育研究経費）	………………	教員弁当代
D	「福利費支出」（管理経費）	………………	職員弁当代
E	「会議費支出」（教育研究経費）	………………	教員飲料・軽食代
F	「会議費支出」（管理経費）	………………	理事会・評議員会弁当・飲料・軽食代，職員飲料・軽食代
G	「渉外費支出」（管理経費）	………………	手土産用のお菓子，お中元・お歳暮の食品，外部からの訪問者の弁当代

　これらは全て軽減税率の対象となる飲食料品となります。学校法人が飲食料品を購入した場合には，基本的に軽減税率の対象となると考えて問題ありません。

　どの科目でどのような取引が軽減税率の対象となるか，確認してください。

４　学校給食事業，売店事業，学生食堂を営む場合

　学校法人の資金収支計算書上，以下の科目で計上します。

A	「補助活動事業収入」（付随事業・収益事業収入）	…	学校給食事業，売店事業，学生食堂に係る収入
B	「補助活動事業支出」（付随事業・収益事業支出）	…	学校給食事業，売店事業，学生食堂に係る支出

　学校法人会計においては，補助活動事業収入・支出を相殺することなく総額で表示をすることを原則としますが，例外的に両者を相殺する純額表示をすることも認められています。

　補助活動事業に計上される飲食料品は，収入・支出ともに多額となり，軽減税率の影響が最も大きい部分となりますので，留意してください。

⑴　飲食料品の購入支出（学校給食，売店，学生食堂共通）

❶　飲食料品を購入した場合

　売店で販売する弁当やパン・飲料，学校給食，学生食堂で調理する食材を購入した場合，その購入支出は軽減税率の対象となります。

　補助活動事業支出が補助活動事業収入と相殺され，計算書類上表示されていない場合，相殺前の飲食料品の「補助活動事業支出」を，軽減税率の支出として消費税を計算します。

❷　調理で使用するワイン，みりん，料理酒

　酒税が課される酒類は，軽減税率の対象となる飲食料品に該当せず，標準税率10％の対象となります。一般的に，ワイン，みりんは酒税が課される酒類に該当しますので，標準税率10％の対象となります。

　学校給食や学生食堂において，必ず調理用材料としてこれらの酒類を購入するかと思います。購入する食材はほぼ軽減税率8％の対象となりますが，これらの調理用の酒類だけは標準税率10％の対象となりますので注意が必要です。なお，料理酒などの発酵調味料（アルコール分が一度以上であるものの塩などを加えることにより飲用できないようにしたもの）やみりん風調味料（アルコール分が一度未満のもの）は，酒類ではなく，飲食料品に該当し，軽減税率の対象となります。

⑵　学校給食事業（収入）

　義務教育の学校法人，学校教育法に規定する幼稚園が，学校給食として飲食料品を提供する場合，「給食等」として軽減税率8％の対象となります。標準税率10％の対象となる「外食」には該当しません。

▶ 軽減税率8％の対象となる給食等の範囲

A
① 学校給食法に規定する義務教育諸学校(注1)の設置者が，その児童又は生徒の全て(注2)に対して学校給食として行う飲食料品の提供

② 夜間課程を置く高等学校の設置者がその課程において行う教育を受ける生徒の全てに対して夜間学校給食として行う飲食料品の提供

B　特別支援学校の幼稚部又は高等部の設置者が，その幼児又は生徒の全て(注2)に対して学校給食として行う飲食料品の提供（寄宿舎を含む）

C　幼稚園の設置者が，その施設で教育を受ける幼児(注2)の全てに対して学校給食に準じて行う飲食料品の提供

※　上記の施設の設置者等が同一の日に同一の者に対して行う飲食料品の提供の対価の額（税抜）が1食につき640円以下であるもののうち，その累計額が1,920円に達するまでの飲食料品の提供であることも要件となります。

（注1）義務教育諸学校とは，学校教育法に規定する小学校，中学校，義務教育学校，中等教育学校前期課程又は特別支援学校の小学部若しくは中学部をいいます。

（注2）アレルギーなどの個別事情により全ての児童又は生徒に対して提供することができなかったとしても軽減税率8％の対象となります。

（出典）国税庁のホームページより抜粋

　軽減税率の対象となる「給食等」になるかは，義務教育学校が生徒全員へ義務的に提供するか否かがポイントとなります。「給食等」に該当すれば，給食ルームなどの飲食設備を設けての提供であったとしても軽減税率8％の対象となります。

(3)　売店事業（収入）

❶　売店で販売する飲食料品

　売店で弁当，パンや飲料水などの飲食料品の販売をした場合，基本的には

生徒は購入した飲食料品は教室などに持ち帰って飲食することになるかと思います。そうであれば売店の販売収入は，軽減税率の対象となります。

ただし，例えばイートインスペース等のように，売店の近くにテーブルや椅子を置いて生徒が売店で購入した飲食料品を飲食する場所が設けられている場合に留意が必要です。標準税率10%の対象となる「外食」は，飲食設備の設置が要件です。この飲食設備とは，飲食に用いられる設備であれば規模や目的を問いません。テーブルや椅子のみの簡易的なものであっても，生徒が売店で購入した飲食料品の飲食に用いられれば飲食設備となります。

❷　自動販売機での収入

自動販売機を設置して飲料水などの飲食料品を販売した場合，飲食料品の譲渡として軽減税率の対象となります。ただし，ほとんどの学校法人は飲料会社等に自動販売機の設置を委託して委託販売手数料を収入としています。この委託販売手数料収入は，単なる手数料収入ですので標準税率10%の対象となります。

(4)　学生食堂（収入）

❶　学生食堂を営んでいる場合

生徒の任意の利用となる学生食堂を設けて収入がある場合，この学生食堂の飲食料品の提供は，「給食等」として軽減税率の対象とはなりません。利用が任意である学生食堂での飲食料品の提供は，飲食設備のある場所において飲食料品を飲食させる役務の提供に該当しますので，「外食等」として標準税率10%の対象となります。

学校給食の場合とは異なりますので，留意してください。

❷　学生食堂を外部委託している場合

学校法人が学生食堂の運営を外部業者に委託して委託手数料を収入している場合，自動販売機の手数料収入と同様に標準税率10%の対象となります。

5　区分経理（記帳にあたっての留意事項）

(1)　学校法人特有の留意事項

　出版物費，消耗品費，福利費，会議費そして渉外費は，ほとんどが消費税の課税対象となる課税仕入れになります。そのため10月1日からは，軽減税率8％の対象となる「新聞の定期購読料」と「酒類及び外食を除く飲食料品の譲渡」だけは，他の支出とは区分して新しく新設された軽減税率8％の課税区分を選択して入力する必要があります。

　また，学校法人が学校給食事業と売店事業を営んでいる場合には，それに係る補助活動事業収入・支出はいずれも，新しく新設された軽減税率8％の課税区分を選んで入力しなければなりません。

　他方で，学生食堂を営んでいる場合には，補助活動事業収入の基本設定は「課税売上10％（標準税率）」，補助活動事業支出の基本設定は新設された軽減税率8％の課税区分で入力しなければなりません。学生食堂を営んでいる場合には，収入と支出で適用される税率が異なりますので，留意してください。

　さらに，国税庁からは以下の留意事項も示されています。

(2)　国税庁からの留意事項

❶　区分経理（記帳）にあたっての5つの留意点

(1)　旧税率が適用される取引がある場合
消費税等の軽減税率は，制度実施前と同じ8%だが，消費税率（6.3% → 6.24%）と地方消費税率（1.7% → 1.76%）の割合が異なるため，旧税率，軽減税率及び標準税率のそれぞれの適用税率ごとに区分しておく必要がある。
(2)　イートイン／テイクアウトを税込同一価格で販売している場合
イートイン（店内飲食）とテイクアウト（持ち帰り）では，販売価格は同じでも適用税率が異なるため，販売時点で顧客に「意思確認」を行うなどし，判定した適用税率に基づき，区分経理及び申告を行う必要がある。税込同一価格に設定すれば，販売の都度，適用税率を判断する手間がなくなるわけではない。

「取引の事実」に基づく適正な税率で計算して申告する必要がある。

取引先に「取引の事実」に基づくレシートの再交付を依頼するといった対応が必要である。

取引相手に必要事項が記載された請求書等の再発行を依頼する，又は取引の事実に基づいて「軽減税率の対象品目である旨」と「税率ごとに区分して合計した対価の額（税込）」を追記する，といった対応が必要である。

❷ 即時充当によるキャッシュレス・消費者還元に係る消費税の仕入税額控除

即時充当によるキャッシュレス・消費者還元に係る消費税の仕入税額控除の考え方

○ コンビニ等が行っている即時充当（即時に購買金額にポイント等相当額を充当する方法）によるキャッシュレス・消費者還元は，商品対価の合計額が変わるものではありません。
○ 消費税の課税事業者が商品を購入した際，その取引（仕入れ）について仕入税額控除を行うことになりますが，即時充当による消費者還元を受けた場合には，商品対価の合計額が「課税仕入れに係る支払対価の額」となります。
○ 一方，自社ポイントのように，商品等の購入の際のポイント利用が「値引き」となる場合には，「値引き後の金額」が「課税仕入れに係る支払対価の額」となります。

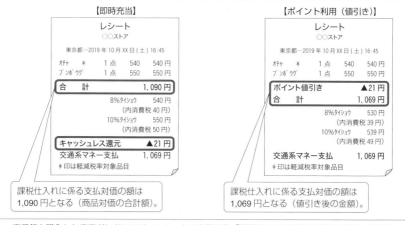

商品等を購入した事業者においては，レシートの表記から「課税仕入れに係る支払対価の額」を判断して差し支えありません。

（出典：国税庁ホームページを一部変更）

図に書かれたレシートを前提にした購入側の会計処理は以下のとおりです。

【即時充当】

(借) 消耗品費支出 (8%対象)　540円　(貸) 現　　預　　金　1,069円

　　　消耗品費支出 (10%対象) 550円　　　　雑　　収　　入　　　21円[※]

　　　　　　　　　　　　　　　　　　(若しくは補助金収入)

【ポイント利用（値引き）】

(借) 消耗品費支出 (8%対象)　530円　(貸) 現　　預　　金　1,069円

　　　消耗品費支出 (10%対象) 539円

(※)　決済事業者が消費者に対して行う消費者還元は，公的な国庫補助金を財源とした
　　ポイント等の付与であり，消費者から決済事業者に対する何らかの資産の譲渡等の対
　　価として支払うものではないことから消費税は不課税となる（「キャッシュレス・消
　　費者還元事業　消費者還元補助　公募要項」(2019年8月) 一般社団法人キャッシュ
　　レス推進協議会より抜粋）。

⑥　軽減税率制度，インボイス方式等の導入スケジュール

　2019年（令和元年）10月に簡易的な措置として「区分記載請求書等保存方式」
が導入され，2023年（令和5年）10月1日からインボイス方式（適格請求書等
保存方式）となります。インボイス方式までの間の特例措置などは非常に複雑
であり，運用上留意が必要です。また，一定期間後に簡易課税制度の見直しも
予定されており，その動向にも留意が必要です。

　軽減税率制度導入のスケジュールは以下のとおりです。

税額計算の方法及び特例のスケジュール

2019 年（令和元年）
10 月

項目	【現行制度】8% →	【区分記載請求書等保存方式】10%（軽減税率8%）
消費税率	8%	10%（軽減税率 8%）
税額計算の方法	税込価格からの割戻し計算	
請求書等の発行義務	請求書等の交付義務なし ※免税事業者も発行可	
仕入税額控除の要件	請求書等の保存が要件 ※免税事業者からの仕入税額控除可	
		買い手が追記した区分記載請求書による仕入税額控除可
	・せり売りなど代替発行された請求書による仕入税額控除可 ・中古品販売業者の消費者からの仕入れ等の仕入税額控除可	

税額計算の特例

	項目	現行制度	区分記載請求書等保存方式
	売上税額の計算の特例		軽減税率対象売上げのみなし計算（4 年間）
税額計算の特例	仕入税額の計算の特例		軽減税率対象仕入れのみなし計算（1 年間）
		簡易課税	見直し ※2
			簡易課税の事後選択（1 年間）
検証		検 証	検 証

※ 1）　売上税額を「積上計算」する場合には，仕入税額も「積上計算」。

※ 2）　令和元年 10 月 1 日以後，農林水産業のうち「飲食料品の譲渡を行う部分」の事業区分には，第 2 種事業のみなし仕入率を適用。

2023年（令和5年）　　　　　　　2026年（令和8年）　　　　　　　2029年（令和11年）
　　10月　　　　　　　　　　　　　　10月　　　　　　　　　　　　　　10月

【適格請求書等保存方式】インボイス方式

・適格請求書の税額の積上げ計算　　のいずれかを選択　※1
・取引総額からの割戻し計算

請求書等の交付義務あり
※免税事業者も発行不可

請求書等の保存が要件
※免税事業者からの仕入税額控除不可

免税事業者からの仕入税額控除の特例
　　　　（80％控除）　　　　　　　　　　（50％控除）

（出典：「消費税の軽減税率制度」（財務省）を一部変更）

⑦ インボイス方式（適格請求書等保存方式）の概要

　2023年（令和5年）10月1日から，適格請求書等保存式（インボイス方式）が導入されます。適格請求書とは，売手が買手に対して正確な消費税率や消費税額を伝える手段として一定の事項が記載された請求書のことです。「登録を受けた」「課税事業者」が交付する適格請求書又は適格簡易請求書及び帳簿の保存が，仕入税額控除の要件とされます。適格請求書を発行できるのは，税務署長から登録を受けた適格請求書発行事業者に限定され，2021年（令和3年）10月1日から登録申請書の受付が始まります。消費税の課税事業者でなければ，この登録を受けられません（免税事業者は適格請求書発行事業者にはなれないことに留意）。

　適格請求書の記載事項は，発行者の氏名又は名称及び登録番号，取引年月日，取引の内容（軽減税率対象品目である場合はその旨の記載を含む），税率ごとに合計した対価の額及び適用税率，消費税額等，交付を受ける事業者の氏名又は名称とされます。なお，適格請求書には，「適格請求書」と「適格簡易請求書」の二種類があり，後者は，不特定多数の者に商品を販売する小売業者が，販売相手の氏名を販売する都度確認できないことを考慮して，「交付を受ける事業者の氏名又は名称」を省略した請求書です。学校法人等の売店における販売では，適格簡易請求書としてのレシートなどを発行することになると想定されます。

　適格請求書等保存方式（インボイス方式）導入後は原則として，インボイスがない場合には仕入税額控除ができなくなります。つまり学校法人の立場を中心に考えると，仮に適格請求書発行事業者の登録しなければ，発行する請求書に登録番号を記載できず，学校法人からサービス提供の対価を支払った事業者が仕入税額控除できなくなること，また，外部業者からサービスの提供を受けた場合に，当該業者が適格請求書発行事業者でなければ，自らが仕入税額控除できなくなる危険が生じます。今後導入スケジュールを十分に考慮して，対応をしていく必要があります。

(1)　適格請求書等保存方式（インボイス方式）導入までの経過措置

　2019 年（令和元年）10 月 1 日から 2023 年（令和 5 年）9 月 30 日までは，現行の請求書等保存方式を維持しつつ，区分経理に対応するための措置として，以下の措置が適用されます。

　　①　区分記載請求書等保存方式（請求書等に「軽減税率の対象品目である旨」「税率ごとに合計した対価の額」を加えたもの）

　　②　売上又は仕入れを税率ごとに区分することが困難な事業者に対し，売上税額又は仕入税額の計算の特例が設けられます。

(2)　免税事業者からの仕入れの特例（経過措置）

　免税事業者からの仕入れについては仕入税額控除の対象になりませんが，適格請求書等保存方式の導入後 6 年間は，免税事業者からの仕入れについて経過措置の適用を受けたものである旨等が記載された帳簿及び請求書等を保存している場合には，一定割合の仕入税額控除が認められます。

控除対象額	2019 年（令和元年）10 月 1 日〜 2023 年（令和 5 年）9 月 30 日に行った課税仕入 仕入税額× 100%
	2023 年（令和 5 年）10 月 1 日〜 2026 年（令和 8 年）9 月 30 日に行った課税仕入 仕入税額× 80%
	2026 年（令和 8 年）10 月 1 日〜 2029 年（令和 11 年）9 月 30 日に行った課税仕入 仕入税額× 50%
	2029 年（令和 11 年）10 月 1 日〜 仕入税額控除できない

8 区分記載請求書等保存方式

インボイス方式導入までの間，軽減税率に対応するため現行の請求書等保存方式をベースにして，区分経理するための「区分記載請求書等保存方式」が導入されます。「区分記載請求書等保存方式」は，帳簿の記載要件に「軽減対象資産の譲渡等に係るものである旨」が加えられます。

ただし，請求書等の金額が3万円未満の少額な取引等については，一定の事項が記載された帳簿の保存のみで仕入税額控除の要件を満たすことから（消法30条7項，消令49条1項，消基通11-6-2），まずは，3万円未満か否かを分け，3万円以上の請求書等について記載事項を確認することになると思われます。

(1)　適用要件

請求書の記載要件に，取引内容（軽減税率の対象品目である場合はその旨），税率ごとに合計した対価の額（税込み）が追加されます。

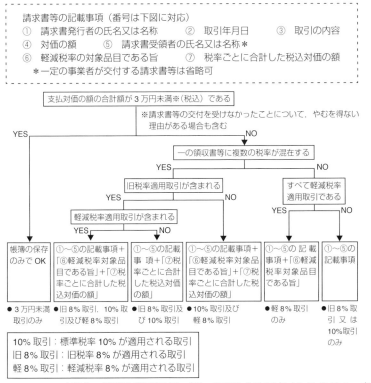

（出典：「週刊 税務通信」（No.3583) 令和元年 12 月 2 日を一部変更）

(2)　免税事業者からの仕入商品の仕入税額控除の可否

発行事業者についての要件は規定されていませんので，現行制度と同様に免税事業者からの仕入れも仕入税額控除が可能です。

(3)　交付義務及び不正交付についての罰則規定

交付義務及び不正交付（偽りの請求書の交付）に対する罰則規定は設けないも

のとされています。

9 売上げ・仕入れに関する特例

　現行制度での取引総額からの割戻計算に加え，経過措置として売上げ・仕入れに関する税額の計算の特例が置かれています。

(1) 売上税額の計算の特例
　基準期間における課税売上高が5,000万円以下である事業者（免税事業者を除く）が，課税売上げを税率ごとに区分することについて困難な事情があるときは，下記の方法により売上税額を簡便に計算する特例が認められます。
　① 　小売等軽減仕入割合（仕入れに占める軽減税率対象品目の仕入割合）を用いて計算する場合（卸売・小売のみ）
　② 　一定期間の軽減売上割合（売上げに占める軽減税率対象品目の売上割合）を適用する場合：通常の事業を行う連続する10営業日の売上げに占める軽減税率対象取引の割合です。
　③ 　一律50％とする方法：軽減売上割合を50％として計算することができます。

(2) 仕入税額の計算の特例
　基準期間における課税売上高が5,000万円以下である事業者（免税事業者を除く）が，課税仕入れを税率ごとに区分することについて困難な事情があるときは，下記の方法により仕入税額を簡便に計算する特例が認められます。
　① 　小売等軽減売上割合（仕入れに占める軽減税率対象品目の売上割合）を用いて計算する場合（卸売・小売のみ）
　② 　簡易課税制度の特例（簡易課税制度適用届出の期限延長）：基準期間における課税売上高が5,000万円以下である事業者（免税事業者を除く）が，国内において行う課税仕入れ等をことなる税率ごとに区分することについ

て困難な事情があるときは，2019 年（令和元年）10 月 1 日から 2020 年（令和 2 年）9 月 30 日までの日の属する課税期間の末日までに，簡易課税制度の適用を受ける旨の届出書を提出したときは，その提出した日の属する課税期間から簡易課税制度の適用が認められます。

🔟 区分記載請求書等保存方式における具体的な留意点

(1) 売店における販売取引等に関して軽減税率の対象となる請求書等を発行する場合

売店等において，標準税率の対象となる制服・文具等と，軽減税率の対象となるパンや飲料水などを販売する場合，レジから出力されるレシートに，「軽減税率の対象品目である旨」と「税率ごとに合計した税込金額」を区分記載して交付することになります。

(2) 購買取引等に関して軽減税率の対象となる請求書等の交付を受ける場合

「補助活動支出」（付随事業・収益事業支出），「消耗品費支出」（教育研究・管理経費），「福利費支出」（教育研究・管理経費），「会議費支出」（教育研究・管理経費），「渉外費支出」（管理経費），「出版物費支出」（教育研究・管理経費）などの勘定科目の中に，軽減税率の対象となる請求書等が含まれている可能性があるため，対象取引が含まれていないかを確認し，仕訳入力時に，標準税率対象取引と，軽減税率対象取引を正確に分けて入力することが重要です。

🔢 インボイス方式における消費税額の計算方法

税率ごとに合計した取引金額を割り戻して計算する方法と，適格請求書に記載した税額を積み上げて計算する方法の選択制になります。

税額計算についても税率ごとに区分して計算することが必要です。

原則	税率ごとの取引総額からの割戻計算
特例	積上計算（適格請求書に記載した消費税額等を積み上げて計算） 注1）交付した適格請求書又は適格簡易請求書の写しの保存が要件となります。 注2）現行制度の経過措置（積上計算の特例）については廃止されます。

▶ ②**仕入に係る税額の計算**

原則	積上計算（適格請求書に記載した消費税額等を積み上げて計算）
特例1	税込金額から計算した消費税を積み上げて計算（帳簿積上計算）（端数は税率ごとに"切捨"又は"四捨五入"）
特例2	税率ごとの取引総額から割戻し計算 注）売上計算において原則を適用している場合に限られます（端数処理における益税の防止措置のため）。

2 課税の対象

　消費税の課税の対象は，「国内において事業者が事業として対価を得て行う資産の譲渡，資産の貸付け及び役務の提供（資産の譲渡等）並びに特定仕入れ」とされています（消法2条，4条）。

3 納税義務者

　消費税の納税義務者は，国内において課税資産の譲渡を行った事業者です（消法5条）。法人は全て事業者となりますので，学校法人等も納税義務者となり

ます。

　ただし，課税期間に係る基準期間の課税売上高が1,000万円以下の事業者は，その課税期間中に国内において行った課税資産の譲渡等につき，消費税を納める義務が免除されます（消法9条）。なお，課税期間に係る特定期間における課税売上高若しくは，給与等の金額の合計額が1,000万円を超えるときは，基準期間における課税売上高が1,000万円以下である場合でも，その課税期間の納税義務は免除されません（消法9条の2）。また，選択により納税義務者となることもできます。

① 　課税期間は，原則として事業年度となります。

② 　基準期間とは，ある課税期間の納税義務の有無を判定する基準となる期間をいいます。法人についてはその事業年度の前々事業年度となります。

③ 　特定期間とは，原則，ある課税期間の前年開始6か月の期間をいいます。法人については，その事業年度の前事業年度開始以後6か月間をいいますので，学校法人の場合4月1日から9月30日までの期間が該当します。

4　非課税取引

　国内において行われる資産の譲渡等のうち，消費に負担を求める税の性格上課税することがなじまないものや，政策的に課税することが適当でないものについては非課税とされています（消法6条）。次に掲げるものがこれに該当します（消法別表第一）。

① 　土地の譲渡及び貸付け

② 　有価証券等の譲渡及び支払手段等の譲渡

③ 　利子，保証料，保険料等

④ 　郵便切手，印紙等の譲渡

⑤ 　商品券等の譲渡

⑥ 　行政手数料等

⑦　外国郵便為替及び外国為替等

⑧　社会保険医療等

⑨　介護保険法の規定に基づく居宅サービス，施設サービス等

⑩　社会福祉事業等

⑪　助産にかかる費用

⑫　火葬料，埋葬料

⑬　身体障害者用物品の譲渡等

⑭　教育に関する役務の提供（入学金，授業料，施設設備費，入学検定料又は在学証明手数料を対価として行われる部分に限る）で一定のもの

⑮　教科用図書の譲渡

⑯　住宅の貸付け

5　学校法人における非課税収入

◼１　非課税の対象となる学校教育の範囲

　非課税となる学校教育の範囲は以下のとおりです（消法別表第一第11号，消令15条，16条）。

①　学校教育法第1条に規定する学校を設置する者が当該学校における教育として行う役務の提供：参考までに個人，宗教法人等の学校法人以外の者が経営するものも学校教育法第1条に規定する幼稚園に該当し，授業料等が非課税になります（消基通6-11-5）。

②　学校教育法第124条に規定する専修学校を設置する者が当該専修学校の高等課程，専門課程又は一般課程における教育として行う役務の提供

③　学校教育法第134条第1項に規定する各種学校を設置する者が当該各種学校における教育（修業期間が1年以上であることその他一定の要件に該当するものに限る）として行う役務の提供

④　次に掲げる施設を設置する者がその施設における教育（職業訓練を含み，

修業期間が1年以上であることその他一定の要件に該当するものに限る）として
行う役務の提供

A　国立研究開発法人水産研究・教育機構の施設，独立行政法人海技教育
機構の施設，独立行政法人航空大学校，国立研究開発法人国立国際医
療研究センターの施設

B　職業能力開発促進法に規定する職業能力開発総合大学校，職業能力開
発大学校，職業開発短期大学校及び職業能力開発校

　上記③及び④については，次の要件のいずれにも該当する教育としての役務
の提供が非課税となります（消規4条）。

ア　職業訓練を含み，修業期間が1年以上であること

イ　その1年の授業時間数（普通科，専攻科その他これらに準ずる区別がある場
合には，それぞれの授業時間数）が680時間以上であること

ウ　その施設（教員数を含む）が同時に授業を受ける生徒数に比し十分であ
ること

エ　その授業が年2回（上記ウにあっては，年4回）を超えない一定の時期に
開始され，かつ，その終期が明確に定められていること

オ　その生徒について学年又は学期ごとにその成績の評価が行われ，その結
果が成績考査に関する表簿その他の書類に登載されていること

カ　その生徒について所定の技術を修得したかどうかの成績の評価が行わ
れ，その評価に基づいて卒業証書又は修了証書が授与されていること

　以上から，学習塾，英会話教室，自動車学校，カルチャースクールなどは該
当しないため，授業料等は非課税になりません。

　また，幼稚園が給食に係る経費を「授業料」（保育料）として，スクールバス
の運営に要する費用を「施設設備費」として徴収している場合は，非課税とな
ります。

　外部搬入に係る給食代については，幼児の保護者から当該外部搬入に係る

取引先に対する代金として授業料（保育料）と明確に区分して幼稚園が収受し，当該代金を預かり金等として処理している場合の当該代金は，幼稚園における資産の譲渡等の対価の額に含めないものとして差し支えないものとされています（「幼稚園における給食の提供及びスクールバスの運用に係る消費税の取扱いについて（通知）」（平成19年1月19日，18初幼教第11号，文部科学省初等中等教育局幼児教育課長））。なお，給食代，スクールバス代として別途徴収している場合は，非課税にはなりません。

　上記のほか，都道府県の認可を受けている保育施設（認可保育施設）は，社会福祉事業であり，その施設の利用料は非課税となりますが，認可を受けていない保育施設（認可外保育施設）については，一定の基準等を満たした施設の利用料が非課税とされています（消令14条の3第1項，消基通6‐7‐7の2）。

② 入学金

　学校法人において，入学する権利を付与した時期が役務の提供時期であり，合格者から入学意思を確認した時点が課税期間の判定時期となります。したがって通常は入学金の払込みを受け，入学手続をしたときをもって非課税収入の帰属年度を決定します。入学金は学生が当該学校に入学し得る地位を取得するための対価としての性格を有するものであるため，前受（入金）時点で非課税，翌入学年度に前受を振り替えた時点では不課税の特定収入外収入となります。

③ 授業料

① 非課税とされる授業料について，古い資料になりますが，平成元年2月6日の旧文部省通知では下記とされています。

　私立学校の学生生徒納付金のうち，消費税法において一般に非課税とされるものを例示すれば，次のとおりです。

> 授業料，保育料，教育費，学習費，指導料，補講（習）料，聴講料，実験実習料，演習料，実習料，学部教学費，教育充実費，教職課程履修料等

② 在籍している学生生徒等に対する教育役務の提供時期が課税期間になります。

③ 授業料の減免を行う場合は，減免後の収納額が非課税売上高となります。

なお，減免に関する消費税の計算上の取扱いについては「学校法人会計問答集（Q＆A）第10号学校法人会計に関する消費税について」（平成2年1月18日，日本公認会計士協会）も参照ください。

4　施設設備費

施設設備費とは，学校などの施設設備の取得，維持を目的として学生等から徴収するものをいい，例えば次の名称で徴収するものが該当します（消基通6-11-2）。

> 施設設備費（料），施設設備資金，施設費，設備費，設備更新費，拡充設備費，図書館整備費，施設充実費，設備充実費，維持整備資金，施設維持費，維持費，図書費，図書拡充費，図書室整備費，暖房費

在籍している学生生徒等に対する教育役務の提供時期が課税期間になります。

5　入学検定料

非課税とされる入学検定料について，古い資料になりますが，平成元年5月の旧文部省通知では下記とされています。

１．入学検定料の範囲について

　消費税法においては，入学（入園を含む）のための試験に係る検定料（いわゆる入学検定料）が非課税とされているが，この入学の概念には，学校の教育課程（授業）を途中から履修することとして当該学校の学生生徒等となる編入学も含まれるので，これらに係る収入についても入学検定料として非課税となる。

　なお，聴講生，研究生等の選考に当たって，徴収される検定料，選考料等も入学検定料に該当する。

（参考１）

○○大学の例で入学検定料に当たるもの

・他の学校から当該学校に編入学する場合の入学検定料

・学士入学（学士の称号を有する者の入学）の場合の入学検定料

・退学者が退学時から２年以内に再入学願いを出した場合の再入学料（入学金は別途徴収）

・除籍になった者が除籍時から２年以内に復籍願いを提出した場合の復籍に関する手数料（入学金は別途徴収）

（参考２）

大学などの編入学の例

・大学を卒業した者が大学の途中年次に入学

・大学を中退した者が同一大学の途中年次に入学

・大学を中退して他大学の途中年次に入学

・大学を中退すると同時に他大学の途中年次に入学

・短大，高等専門学校を卒業し，大学の途中年次に入学

２．再試験，追試試験料等の消費税法上の扱い

　授業とは，その内容が理解されたかの評価を行うことにより，完結する活動であり，試験は，この評価のための手段として位置付けられる。

　したがって，授業の評価のために行われる試験の対価として徴収される

試験料，再試験料，追試験料については，授業料の一部を成すものとして非課税扱いとなる。

6　在学証明等手数料

在学証明等手数料とは，指導要録，健康診断票等に記載されている生徒，児童又は幼児の記録に係る証明書の発行手数料及びこれに類する手数料をいい，具体的には，次のような料金が該当します（消基通6-11-3）。

在学証明書，卒業証明書，卒業見込証明書，成績証明書，健康診断書，転学部・転学科に係る検定手数料，推薦手数料

納入された名目が手数料であっても，販売委託手数料，受託研究手数料，コピー手数料などは課税対象となります。

7　教科用図書の譲渡

学校教育法においては，小学校においては文部科学大臣の検定を経た教科用図書又は文部科学省が著作の名義を有する教科用図書を使用しなければならない（学校教育法34条）とされ，この規定は，中学校，高等学校，中等教育学校，特別支援学校に準用することとされています。いわゆる「検定済教科書」をいいます。

学校法人が直接，生徒等に販売している場合は，この譲渡は非課税とされますが，直接販売せず書店に販売を委ね，後日，その販売額の一定割合を手数料として徴している場合，その手数料部分については課税対象になります。

参考書，問題集等の学校教育を補助するための補助教材の譲渡は，学校が指定した場合でも非課税になりません（消基通6-12-3）。また，教科書用図書の譲渡に付随する役務の提供(例えば教科書の配送費用等)は非課税になりません(消基通6-12-2)。

8 住宅家賃

住宅の貸付けは非課税とされていますが，学校法人では，学生生徒寮，教職員寮等から徴収する家賃収入がこれに該当します。

寮費のうちに食事代が含まれている場合，食事代相当額は課税となり，住宅家賃相当額については非課税となります。したがって，これらを明確に区分することが必要となります。

9 教員免許更新講習料

免許状更新講習の実施機関は「国又は指定法人等」（県教育委員会など）に該当し，また「法令において，法令に基づく資格を維持するにつき，講習を受けることが要件とされているもの」（消令12条2項2号イ（1））に該当するものとして非課税になります（国税庁文書回答事例「教員免許更新のための講習に係る受講料の消費税法上の取扱いについて」平成21年3月）。

6 学校法人における課税収入

1 学納金であっても課税される収入

学校法人においては学納金の大部分が非課税とされていますが，この取扱いは，前述の教育活動に限るもので，所定の教育活動以外の学納金は，課税対象となります。例えば，専修学校，各種学校における附帯教育料収入，講習会費収入，公開講座収入，公開模擬学力試験に係る検定料（消基通6-11-6）などが課税対象となります。大学であっても学校教育法第1条校として在籍している学生以外の者（一部在籍者がいても同じ）を対象として行うような講座収入（ビジネススクールなど）は課税対象となります。

❷ 施設設備利用料

学校法人の施設設備利用料収入には，校舎，講堂，体育館，グランド，食堂，売店，駐車場，テニスコート，学生生徒寮，教職員寮，校外施設利用料などの賃貸（一時貸しも含む）収入があります。施設の利用に伴って土地が利用される場合のその土地を使用させる行為は，土地の貸付けから除かれます。それらの施設の利用が土地の利用を伴うことになるとしても，その土地の利用は土地の貸付けには含まれません（消令8条，消基通6‐1‐5）。

駐車場又は駐輪場として土地を利用させた場合において，その土地につき駐車場又は駐輪場として用途に応じる地面の整備又はフェンス，区画，建物の整備をしていないとき（車両又は自転車の管理をしている場合を除く）はその土地の使用は貸付けに含まれることになります（消基通6‐1‐5(注)1）。

建物その他の施設の貸付又は役務の提供に伴って土地を使用させた場合において，建物の貸付等に係る対価と土地の貸付けに係る対価を区分しているときであっても，その対価の合計額が当該建物の貸付け等の対価の額とされています（消基通6‐1‐5(注)2）。

寮費，教職員寮費及び地代（一時使用を除く）は，非課税とされていますが，給食代は，課税収入となります。

❸ 補助活動収入

食堂，売店，購買部などの販売収入は，課税収入となります（消基通6‐11‐4他）。補助活動事業収支は，学校法人会計基準第5条によって，収支を相殺し，純額経理によることも認められていますが，消費税法では，資産の譲渡等の対価に課税することになっていますので，総額の販売収入が課税対象となります。

4 固定資産の売却収入

　建物，車両，機器備品，図書などの固定資産の売却収入は，課税対象となります。ただし，土地の売却収入は非課税対象となります。

5 その他の課税収入

　受託研究収入，入学案内販売収入，コピー代収入，講習電話使用料収入，廃品売却収入，社会人を対象とする公開講座，保険代理店報酬，保険事務手数料，補習教育の受講料，教育実習謝金などがあります（消基通6-11-4他）。

　その他，私学退職団体交付金収入は対価性がないので不課税収入となります。

7　納付税額の計算方法

1 課税標準

　課税標準は，課税対象となる資産の譲渡等の対価の額（消費税相当額を除く）です。

2 税率

　「1　軽減税率とインボイス制度の導入■」を参照してください。

　消費税の新標準税率は7.8％，地方消費税は2.2％となり，合計税率は10％となります。軽減税率は，6.24％，地方消費税は1.76％となり，合計税率は8％となります。

❸　納付税額の計算

　納付税額は，その課税期間中の「課税売上に係る消費税額」からその課税期間中の「課税仕入れ等に係る消費税額」を控除して計算することになります。「課税売上げに係る消費税額」は，課税標準額に税率を乗じた金額です。

課税売上げに係る消費税額 = 課税標準額 × 7.8%（別途 2.2% の地方税を含め負担税率は 10%）

納付税額 = 課税売上げに係る消費税額 - 課税仕入れ等に係る消費税額

　なお，学校法人等が，収益事業の会計を学校部門の会計と区分経理している場合であっても，その法人全体の課税売上高の合計額を基に納付税額を計算します。

❹　中間申告（予定申告）・確定申告

　消費税の中間申告及び納付義務については，公益法人等に係る別段に定めはなく，法人税と異なり，普通法人と同様に申告・納付義務があります。

　消費税の確定申告書は，課税期間の末日の翌日から2月以内に所轄税務署長に提出し，その申告に係る消費税額等を納付しなければならないことになっています（消法45，49）。

　ただし，令和2年大綱では，法人に係る消費税の確定申告書の提出期限について，法人税の確定申告書の提出期限の特例の適用を受ける法人が，消費税の確定申告書の提出期限を延長する旨の届出書を提出した場合には，提出期限を1月延長するとされています。当該改正は令和3年3月31日以後終了する事業年度の末日の属する課税期間から適用されます。

8 課税仕入れ等に係る消費税額（仕入控除税額）の計算

　納付税額の計算において，「課税売上に係る消費税額」から控除する「課税仕入れ等に係る消費税額」は，常にその全額が控除されるのではなく，課税売上げに対応する部分のみが控除されることとなります。

　また，仕入税額控除の方式には，原則課税による方式と簡易課税制度による方式があります。

1 原則課税

　原則課税方式による場合，課税売上割合が95％以上か95％未満かで計算方法が異なります。

$$課税売上割合 = \frac{その課税期間中の課税売上高（税抜）}{その課税期間中の \atop 課税売上高（税抜）} + その課税期間中の \atop 非課税売上高（税抜）}$$

図示すると以下のとおりになります。

		課税売上割合	
		95％未満	95％以上
課税売上高	5億円以下		全額控除
	5億円超	個別対応又は一括比例分配方式	

(1) 課税売上高が5億円以下で課税売上割合が95%以上の場合

その課税期間の課税売上高が，5億円以下でかつ，課税売上割合が95%以上の場合には，「課税仕入れ等に係る消費税額」の全額が仕入控除税額となります。課税仕入れ等に係る消費税額は，課税仕入れ等に係る支払対価の額（税込）に110分の7.8を乗じた金額です。

$$仕入控除税額＝課税仕入れ等に係る支払対価の額（税込）\times \frac{7.8}{110}$$

(2) 課税売上高が5億円を超えるとき又は課税売上割合が95%未満の場合

その課税期間の課税売上高が5億円を超えるとき，又は課税売上割合が95%未満の場合には，「課税仕入れ等に係る消費税額」のうち課税売上げに対応する部分のみが控除されます。次に掲げる個別対応方式又は一括比例配分方式のいずれかの方法により，仕入控除税額を算出します。なお，一括比例配分方式を選択した場合には，2年間はこの方法を継続しなければなりません。

❶ 個別対応方式

その課税期間中の課税仕入れ等に係る消費税額を

① 課税売上げにのみ要するもの
② 非課税売上げにのみ要するもの
③ 課税売上げを非課税売上げに共通して要するもの

に区分し，次の算式により仕入控除額を計算します。

$$控除仕入税額＝①の消費税額＋（③の消費税額\times課税売上割合）$$

❷ 一括比例配分方式

その課税期間中の課税仕入れ等に係る消費税額に課税売上割合を乗じて控除仕入税額を計算します。

$$控除仕入税額＝課税仕入れ等に係る消費税額\times課税売上割合$$

❷　簡易課税制度

　基準期間の課税売上高が5,000万円以下の場合で，事前に「消費税簡易課税制度選択届出書」を提出している場合には，簡易課税制度が適用されます。この場合，その課税期間における課税標準額に対する消費税額に，それぞれの事業区分に応じたみなし仕入率を乗じて仕入控除税額を計算します。なお，簡易課税制度を選択した場合には，2年間継続適用となります。

> 課税仕入税額＝課税標準額に対する消費税額×みなし仕入率

▶ **みなし仕入れ率（平成 27 年 4 月 1 日以後開始事業年度）**

① 第一種事業（卸売業）・・・・・・・・・・・・・・・・・・・・・・・90%
② 第二種事業（小売業）・・・・・・・・・・・・・・・・・・・・・・・80%
③ 第三種事業（製造業等）・・・・・・・・・・・・・・・・・・・・・70%
④ 第四種事業（その他の事業）・・・・・・・・・・・・・・・・・・60%
⑤ 第五種事業（金融・保険・サービス業等）・・・・・・・・・・・50%
⑥ 第六種事業（不動産業）・・・・・・・・・・・・・・・・・・・・・40%

　事業区分の例は以下のとおりです。学校法人が行う取引ごとに判定します。

① 第一種事業

　業者や他の学校法人への物品販売収入

② 第二種事業

　売店における物品販売収入，授業等での指定品販売収入

③ 第三種事業

　自法人で作成した入試要項・入試問題等の販売収入

④ 第四種事業

　自法人で行う食堂収入，給食収入（法人内に調理場を設けて生徒に給食を調理提供する飲食業に相当するもの），車両・備品売却収入

⑤　第五種事業

　　スクールバス収入（バスを利用する園児のみから徴収），校外教育収入，教育実

　習謝礼，コピー機使用料収入，保険代理収入

⑥　第六種事業

　　施設設備利用料収入（教室，グラウンド，駐車場等）

　なお，令和元年10月1日を含む課税期間から，農業・林業・漁業（第三種事業）のうち，飲食料品の譲渡を行う事業（軽減税率適用部分）を第二種事業とし，みなし仕入れ率80%が適用されることになります。

▶ 免税事業者，簡易課税制度判定表

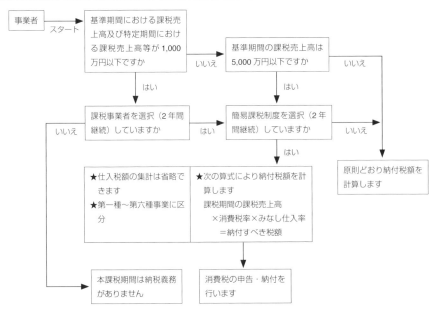

（注）この判定表は，課税期間が1年である事業者を前提に作成していますので，事業
　　年度が1年に満たない法人については，「基準期間の課税売上高」を1年分に換算
　　してください。

3 国境を越えて行われる電子通信利用役務の提供に係る消費税の課税

電子書籍・音楽・広告の配信などの電気通信回線（インターネット等）を介して行われる役務の提供を「電気通信利用役務の提供」と呼び，当該役務提供を下記の二種類に分けて申告納税を行うことになっています。

① 事業者向け電気通信利用役務の提供…役務の性質又は当該役務の提供を受ける者が通常事業者に限られるもので，国外事業者から当該役務の提供を受けた国内事業者が申告・納税を行う（リバースチャージ方式）。

② 消費者向け電気通信利用役務の提供…「事業者向け電気通信利用役務の提供」以外のものについて，国外事業者に申告・納税を行う。

①については，一般課税により申告する事業者で，課税売上割合が95％未満の事業者に限られます。なお，当面の間，一般課税で，かつ課税売上割合が95％以上の課税期間又は，簡易課税制度が適用される課税期間は，リバースチャージ方式による申告を行う必要はなく，仕入税額控除もできません（平27改正法附則42条，44条2項）。

海外の事業者からインターネットを通じて電子書籍を購入する学校法人が増えてきていると思いますが（仲介する書店が海外事業者と直接の契約当事者にならない場合），非課税となる学生生徒等納付金の割合が高いため課税売上割合が95％未満となる法人が多く，この場合上記①の方式により申告する必要があります。この場合，支払対価を課税標準として消費税の課税と税額控除の対象にするため，会計処理を行う上では，支払対価の10％相当額を仮受消費税と仮払消費税に両建てで計上することになります。

「電気通信利用役務の提供」等を「特定資産の譲渡等」といい（消法2条8号の2），事業として他の者から受けた「特定資産の譲渡等」を「特定仕入れ」，課税仕入れのうち「特定仕入れ」に該当するものを「特定課税仕入れ」といいます（消法5条1項）。

役務の提供が消費税の課税の対象となる国内取引に該当するかどちらかの判定（内外判定）は，原則として「役務の提供を受ける者の住所等」によって行

うことになっています。図示すると以下のようになります（消法4条3項3号）。

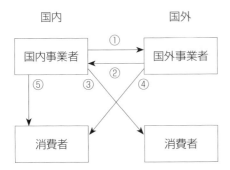

	国内		国外

取引	課税関係
①	国外取引：不課税
②	国内取引：課　税
③	国外取引：不課税
④	国内取引：課　税
⑤	国内取引：課　税

（出典：『図解　消費税（令和元年版）』森田修（大蔵税務協会）を一部変更）

　ただし，平成29年（2017年）1月1日以後に行われる次の「事業者向け電気通信利用役務の提供」に係る内外判定は以下のとおりです。

内容	内外判定
国内事業者が国外事業者等（注1）において受ける「事業者向け電気通信利用役務の提供」のうち，国内以外の地域において行う資産の譲渡等にのみ要するもの	国外取引
国外事業者が恒久的施設（注2）において受ける「事業者向け電気通信利用役務の提供」のうち，国内において行う資産の譲渡等に要するもの	国内取引

（注1）国外事業所等とは，所得税法第95条第4項第1号《外国税額控除》又は法人税法第69条第4項第1号《外国税額の控除》に規定する国外事業所等をいいます。

（注2）恒久的施設とは，所得税法第2条第1項第8号の4《定義》又は法人税法第2条第12号の19《定義》に規定する恒久的施設をいいます。

（出典：『図解　消費税（令和元年版）』森田修（大蔵財務協会））

9　学校法人等の仕入控除税額の計算の特例

　学校法人等の公益法人等については，その収入のうちに，補助金，寄附金等の対価性のない収入（「特定収入」という）が占める割合が多くなります。これにより賄われる課税仕入れ等の消費税額については，仕入控除税額の対象とはせず，仕入控除税額から控除する調整計算をすることとされています。

　控除理由としては，主に下記３つが挙げられます。

① 　学校法人等は特定収入による課税仕入れの最終消費者となる。

　学校法人等が特定収入によって課税仕入れを賄ったとき，仕入れに対応する売上げがないという最終消費者の立場になります。最終消費者は仕入れに関する消費税を最終的に自己負担するため，特定収入によって賄われた課税仕入れに係る税額を課税売上げに係る税額から控除せず自己負担します。

② 　特定収入と課税仕入れの間に対価性がない。

　特定収入で課税仕入れを行った場合，その課税仕入れは課税売上げのためのコストとしての性質（対価性）がなく，転嫁されないことから，通常の仕入税額のように控除できません。

③ 　学校法人等は特例を適用しないと消費税が恒常的に還付となる場合がある。

　収入のうち特定収入の占める割合が大きく，相対的に課税売上げが少ないことが一般的であり，その状態で特定収入に賄われる課税仕入税額を控除せず，課税仕入全額を控除して消費税を計算すると，課税仕入全額に係る消費税額が課税売上げに係る税額より大きくなり，恒常的に消費税が還付されることになってしまうことになります。

　この控除の仕組みを図示すると以下のとおりになります。

　課税売上げに対する税額から控除するのは課税仕入れに対する税額全てでは

なく，特定収入により賄われた部分（濃い灰色部分）を差し引いた，課税売上げの対価としての課税仕入部分（薄い灰色部分）に限定されます。

▶ **特定収入のある場合の消費税のイメージ図**

支出	収入

1　特定収入

特定収入とは，資産の譲渡等の対価以外の対価性のない収入で，次に掲げるもの以外の収入をいいます（消令75条1項）。

① 借入金及び債権の発行に係る収入で，法令においてその返済又は償還のための補助金，負担金その他これらに類するものの交付を受けることが規定されているもの以外のもの（借入金等）

② 出資金

③ 預金，貯金及び預り金

④ 貸付回収金

⑤ 返還金及び還付金

111

⑥　次に掲げる収入

A　法令又は交付要綱等（国，地方公共団体又は特別の法律により設立された
法人から資産の譲渡等の対価以外の収入を受ける際に，これらの者が作成した
当該収入の使途を定めた文書をいう）において，次に掲げる支出以外の支
出（特定支出）のためにのみ使用することとされている収入

ア　課税仕入れに係る支払対価の額に係る支出

イ　特定課税仕入れ

ウ　課税貨物の引取価額に係る支出

エ　借入金等の返済金又は償還金に係る支出

B　国又は地方公共団体が合理的な方法により資産の譲渡等の対価以外の
収入の使途を明らかにした文書において，特定支出のために使用する
こととされている収入

C　公益社団法人又は公益財団法人が作成した寄附金の募集に係る文書に
おいて，特定支出のためのみに使用することとされている当該寄附金
の収入

例えば，次の収入が特定収入に該当します。なお，以下の※印は，国，地方
公共団体にのみ適用されます。

①　租税（※）

②　補助金

③　交付金

④　寄附金

⑤　出資に対する配当金

⑥　保険金

⑦　損害賠償金

⑧　資産の譲渡の対価に該当しない負担金

⑨　資産の譲渡等の対価に該当しない他会計からの繰入金（※）

⑩　資産の譲渡等の対価に該当しない会費等

⑪　資産の譲渡等の対価に該当しない喜捨金等

特定収入を図示すると以下のとおりになります。

▶ 特定収入とは

（注 1 ）特定収入以外の収入：特定収入に該当しない収入及び特定支出のみに使用される収入をいいます。

　　　特定収入に該当しない収入とは，直接課税仕入れに関係のない収入であり，具体的には，通常の借入金収入，預り金収入などが該当します。

　　　特定支出のみに使用される収入とは，補助金等のうち，非課税仕入れ及び不課税支出のみ充当されるもので，具体的には，交付要綱等に土地の購入，支払利息（非課税仕入れ），職員給与（不課税支出）への充当が明らかにされている補助金収入が該当します。

（注2）特定支出：①課税仕入れ，②特定課税仕入れ，③課税貨物，④通常の借入金の
　　　　返済（消令75条1項6号イ(1)〜(4)）以外の支出をいいます。

（注3）④通常の借入金：自己資金で返済又は償還することを予定している借入金をい
　　　　います。

（注4）特定収入：課税仕入れ等に係る特定収入及び使途不特定の特定収入をいいます。
　　　　課税仕入れ等に係る特定収入とは，法令・交付要綱等において明らかに課税仕入
　　　　れのみに使用されるものをいい，具体的には設備等購入のための補助金が該当し
　　　　ます。

　　　　　使途不特定の特定収入とは，法令・交付要綱等において使途の税区分が明確で
　　　　ないものをいい，具体的には交付要綱等に○○事業補助金としか書かれていない
　　　　補助金，学費軽減補助金（補助金収入として会計処理する場合），交付要綱等の
　　　　ない寄附金・会費などが該当します。

２　特定収入に係る課税仕入れ等の消費税額の調整計算

　一般の法人において控除できる仕入控除税額から，さらに特定収入に対応す
る課税仕入れ等に係る消費税額を控除した金額を，課税標準額に対する消費税
額から控除することになります（消法60条4項）。なお，その課税期間におけ
る特定収入割合が5％以下である場合，その課税期間の仕入控除税額を簡易課
税制度により計算する場合，免税事業者の場合にはこの調整計算は行いません。
この調整がある場合の納付税額は，次の算式により計算した金額となります。

> 納付税額＝課税売上げに係る消費税額 －（調整前の仕入控除税額－特定収入に係る
> 課税仕入れ等の消費税額）
>
> 　なお，（調整前の仕入控除税額－特定収入に係る課税仕入れ等の消費税額）がマイ
> ナスとなる場合は，そのマイナス額を課税売上げに係る消費税額に加算します（消
> 法60条5項）。
>
> 特定収入割合＝$\dfrac{\text{特定収入の合計額}}{\text{資産の譲渡等の対価の額＋特定収入の合計額}}$
>
> 資産の譲渡等の対価の額＝課税売上高（税抜）＋非課税売上高＋免税売上高＋国外
> における資産の譲渡等

　以下簡略化のため軽減税率対象取引はないものと仮定します。また，特定収入の入金と課税仕入の支出が同一課税期間に行われず調整割合が著しく変動した場合の調整計算（消令75条5項，6項）については記載を省略しています。

(1)　課税売上高が5億円以下で課税売上割合が95％以上の場合

　次のA及びBの合計額が，特定収入に係る課税仕入れ等の消費税額となります。

> A　課税仕入れ等に係る特定収入の額（法令等において課税仕入れにのみ使途が特定
> されている特定収入の額）の110分の7.8相当額
> B　（調整前の仕入控除税額－A）×調整割合
>
> 調整割合＝$\dfrac{\text{使途不特定の特定収入（法令等において課税仕入れのみ使途が特定されている特定収入以外）の合計額（※）}}{\text{（課税売上高（税抜）＋非課税売上高＋免税売上高＋（※））}}$

(2)　課税売上高が5億円超又は課税売上割合が95％未満で個別対応方式を適用している場合

　次のAからCまでの合計額が，特定収入に係る課税仕入れ等の消費税額とな

115

ります。

A　課税仕入れ等に係る特定収入の額で，法令等において課税資産の譲渡等にのみ要する課税仕入れにのみ使途が特定されている特例収入の額の 110 分の 7.8 相当額

B　課税仕入れ等に係る特定収入の額で，法令等において課税資産の譲渡等とその他の資産の譲渡等に共通して要する課税仕入れにのみ使途が特定されている特定収入の額の 110 分の 7.8 相当額に課税売上割合を乗じた金額

C　（調整前の仕入控除税額－ A － B）×調整割合

(3)　課税売上高が 5 億円超又は課税売上割合が 95％未満で一括比例配分方式を適用している場合

次の A 及び B の合計額が，特定収入に係る課税仕入れ等の消費税額となります。

A　課税仕入れ等に係る特定収入の額（法令等において課税仕入れにのみ使途が特定されている特定収入の額）の 110 分の 7.8 相当額に課税売上割合を乗じた金額

B　（調整前の仕入控除税額－ A）×調整割合

3　寄附金収入

　ここでは特定収入の中でも，特に学校法人でしばしば出てくる寄附金収入について取り上げます。寄附金収入は，寄附者の意思により，使途が特定されている特別寄附金収入と，それ以外の一般寄附金に区分されます。

　一般寄附金は，上述の「使途不特定の特定収入」となります。

　特別寄附金は，財務省告示指定寄附金や日本私立学校振興・共済事業団を経由する受配者指定寄附金のような募集要旨等で使途が特定されている場合は，それに従い，「特定収入以外の収入」「借入金返済支出に充当される特定収入」「課税仕入れ等に係る特定収入」「使途不特定の特定収入」それぞれに区分し，募

集要旨等で使途が特定されていない場合は,「使途不特定の特定収入」に区分します。

▶ 学校法人における寄附金の使途の特定方法

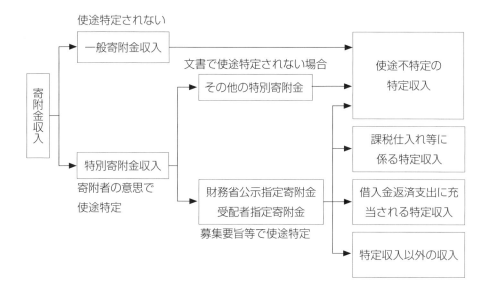

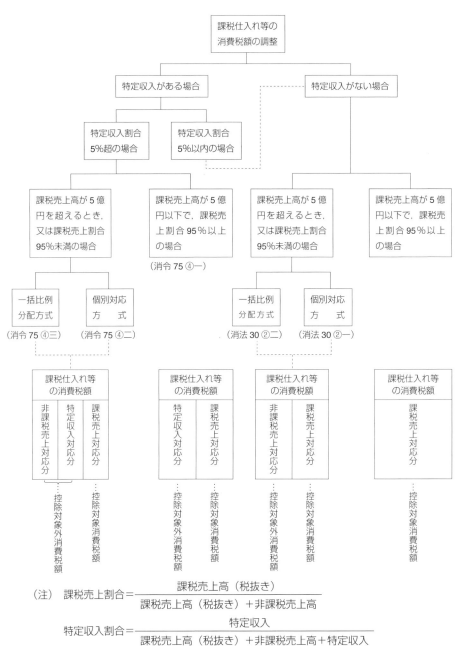

（注）　課税売上割合＝$\dfrac{\text{課税売上高（税抜き）}}{\text{課税売上高（税抜き）＋非課税売上高}}$

　　　　特定収入割合＝$\dfrac{\text{特定収入}}{\text{課税売上高（税抜き）＋非課税売上高＋特定収入}}$

（出典：『学校法人会計のすべて（第3版）』税務経理協会）

10　学校法人・社会福祉法人（主に保育所）の課否判定一覧

　読者の便宜のため，学校法人，社会福祉法人（主に保育所）の勘定科目ごとの課否判定表を掲示します。例えば，認定こども園で認可保育所を設置している場合など当該保育所部門について，社会福祉法人会計の理解があると所轄自治体の監査を受ける際にその知識が役に立ちます。

　ただし，あくまで任意の勘定科目についての目安を示したものであり，実際の判定にあたっては，個々の取引の内容を十分に検討して判定してください。

【課税区分欄の説明】

> 「課」：課税取引，「非」：非課税取引，「不」：不課税取引（課税対象外），
> 「不㊗」：不課税取引で特定収入に該当

1　学校法人の課否判定表

　勘定科目は「学校法人会計基準（昭和46年4月1日文部省令第18号，最終改正平成27年3月30日文部科学省令第13号）」の「別表第一　資金収支計算書記載科目（第10条関係）」から一部抜粋及び加筆しています。なお，知事所轄法人については，所轄庁の指示がある場合は，その指示により勘定科目を処理してください。

<収入の部>

大科目 　小科目	科目説明	課税区分	備考等
学生生徒等納付金収入			
授業料収入	聴講料，補講料等を含む。	非	消法別表1十一
入学金収入	入園料を含む。	不（特定外収入）	入学金前受金収入（非）を入学年度に振り替えたため。
実験実習料収入	教員資格その他資格を取得するための実習料を含む。	非	消法別表1十一
施設設備資金収入	施設拡充費その他施設・設備の拡充等のための資金として徴収する収入をいう。	非	消法別表1十一，消令14の5三
基本保育料収入	利用者負担額（基本負担額）	非	第7章**3**(2)参照
特定保育料収入	利用者負担額（特定負担額）使途の具体例；施設整備費，特定職員配置費，研修充実費等	非	第7章**3**(2)参照
施設等利用給付費収入	無償化による支給額（法定代理受領の場合）	非	第8章参照 授業料軽減額のマイナス表示がある場合には，その上に表示。
補足給付費収入	保育料に給食費も含めている場合	非又は課	給食費を保育料とは別途徴収した場合は課税

手数料収入				
	入学（入園）検定料収入	その会計年度に実施する入学試験のために徴収する収入をいう。なお，大学入試センター（2021年1月からは大学入学共通テスト）から各大学に交付される試験実施経費は，「（小科目）大学入試センター試験実施手数料収入」として区分表示する。	非	消法別表1十一，消令14の5四
	試験料収入	編入学，追試験等のために徴収する収入をいう。	非	消法別表1十一授業の評価のために行われる試験の対価として徴収される試験料・再試験料・追試験料等については，授業料の一部をなすものとして非課税。ただし，大学入試の模擬試験料等は課税。
	証明手数料収入	在学証明，成績証明等の証明のために徴収する収入をいう。	非	消法別表1十一，消令14の5五
	入園受入準備費収入	入園料選考時の事務費用	非	第7章❸(2)参照
寄付金収入		土地，建物等の現物寄付金を除く。		
	特別寄付金収入	用途指定のある寄付金をいう。	不特	消基通5-2-15,16-2-1(4)（ただし，特定支出のみに使途が特定されているときは特定収入以外の収入）
	一般寄付金収入	用途指定のない寄付金をいう。	不特	消基通5-2-15,16-2-1(4)（ただし，特定支出のみに使途が特定されているときは特定収入以外の収入）

補助金収入			
	国庫補助金収入	日本私立学校振興・共済事業団からの補助金を含む。	不(特)	消基通 5-2-15,16-2-1 (2)（ただし，特定支出のみに使途が特定されているときは特定収入以外の収入）
	地方公共団体補助金収		不(特)	消基通 5-2-15,16-2-1 (2)（ただし，特定支出のみに使途が特定されているときは特定収入以外の収入）
	施設型給付費収入	施設型給付費所轄庁の指示があれば「学生生徒等納付金収入」でも表示が可能と考えられる。	非	

資産売却収入		固定資産に含まれない物品の売却収入を除く。		
	資施設売却収入		非又は課	消法別表 1 一 土地の売却は非，建物売却は課
	設備売却収入		課	
	有価証券売却収入		非	消法別表 1 三 課税売上割合の計算に際し，売上高の 5% を分母に算入する。

付随事業・収益事業収入				
	補助活動収入	食堂，売店，寄宿舎等教育活動に付随する活動に係る事業の収入をいう。 預かり保育料で無償化による支給額を上回る額	課又は非	内容により判定する。消費税法では，課税収入と課税支出を相殺して計算することは認められていない。学生寮・寄宿舎に係る賄い分は課税。
	附属事業収入	附属機関（病院，農場，研究所等）の事業の収入をいう。	課又は非	消法別表 1 六 医療は非
	受託事業収入	外部から委託を受けた試験，研究等による収入をいう。	課	
	収益事業収入	収益事業会計からの繰入収入をいう。	不	

施設等利用給付費収入	預かり保育料に関する無償化による支給額	非	第8章
受取利息・配当金収入			
第3号基本金引当特定	第3号基本金引当特定資産の運用により生ずる収入をいう。	非	消法別表1三
資産運用収入	預金, 貸付金等の利息, 株式の配当金等をいい, 第3号基本金引当特定資産運用収入を除く。	非	消法別表1三
雑収入	施設設備利用料収入, 廃品売却収入その他学校法人の負債とならない上記の各収入以外の収入をいう。	課, 非又は不	個々に内容を検討する必要がある。施設の利用に付随した土地の使用及び1か月未満の一時使用は課税。
施設設備利用料収入	所有する有形固定資産の賃貸による収入	課	
廃品売却収入	消耗品等を売却したときの収入	課	
児童育成協会助成金収入	企業主導型保育事業において, 児童育成協会から給付金を受けた場合の収入	未定	
借入金等収入			
長期借入金収入	その期限が貸借対照表日後1年を超えて到来するものをいう。	不	
短期借入金収入	その期限が貸借対照表日後1年以内に到来するものをいう。	不	
学校債収入		不	
前受金収入	翌年度入学の学生, 生徒等に係る学生生徒等納付金収入その他の前受金収入をいう。		
授業料前受金収入		不	

	入学金前受金収入		非	消法別表1十一 入学金は，入学し得る地位を取得するための対価としての性格を有するものであり，入学の意思を確認した課税期間において非課税。
	実験実習料前受金収入		不	
	施設設備資金前受金収入		不	
その他の収入		上記の各収入以外の収入をいう。	課，非又は不	個々に内容を検討する必要がある。
	第2号基本金引当特定資産取崩収入		不	学校法人内部の資金移動取引のため，消費税法上は，その収入はなかったものとして取り扱われる。
	第3号基本金引当特定資産取崩収入		不	
	（何）引当特定資産取崩収入		不	
	前期末未収入金収入	前会計年度末における未収入金の当該会計年度における収入をいう。	不	
	貸付金回収収入		不	
	預り金受入収入		不	
人件費支出				
	教員人件費支出	教員（学長，校長又は園長を含む。以下同じ）に支給する本棒，期末手当及びその他の手当並びに所定福利費をいう。	不	雇用契約等に基づくものは不（消基通11-1-2） ただし，現にその通勤の費用に充てられる部分の金額については，課税仕入れに係る支払対価に該当する。定期券・回数券等の現物の支給を含むことに留意。

124

	職員人件費支出	教員以外の職員に支給する本棒，期末手当及びその他の手当並びに所定福利費をいう。	不	消基通 11-1-2
	役員報酬支出	理事及び監事に支払う報酬をいう。	不	雇用契約等に基づくものは不（消基通 11-1-2）
	退職金支出		不	消基通 11-1-2

教育研究経費支出

	消耗品費支出	教育研究のために支出する経費（学生，生徒等を募集するために支出する経費を除く）をいう。	課	
	光熱水費支出	電気，ガス又は水の供給を受けるために支出する経費をいう。	課	軽油引取税は不課税。
	旅費交通費支出		課	海外渡航の旅費，交通費，宿泊費，日当等は輸出免税。 自社使用のプリペイドカード（パスモ等）の購入は非課税，使用時に課税仕入れ。ただし，継続適用を条件に購入時に課税仕入とすることも可能。
	奨学費支出	貸与の奨学金を除く。	不	減免規程に基づく奨学金の支出額は消費税法上，「売上に係る対価の返還」に該当し，返還後の学納金が収入として取り扱われるものと考えられる（学校法人会計問答集（Q&A）第10号「学校法人会計に関する消費税について」質問4）。

管理経費支出

	消耗品費支出		課	
	光熱水費支出		課	
	旅費交通費支出		課	

借入金等利息支出			
借入金利息支出		非	消法別表 1 三
学校債利息支出		非	消法別表 1 三

借入金等返済支出			
借入金返済支出		不	
学校債返済支出		不	

施設関係支出
整地費, 周旋料等の施設の取得に伴う支出を含む。

土地支出		非	消法別表 1 一 土地購入に伴う, 取壊予定建物の購入対価及びその取壊費用は課税。
建物支出	建物に附属する電気, 給排水, 暖房等の設備のための支出を含む。	課	
構築物支出	プール, 競技場, 庭園等の土木設備又は工作物のための支出をいう。	課	
建設仮勘定支出	建物及び構築物等が完成するまでの支出をいう。	非又は課	部分引渡しを受けるものは, その部分引渡し時に課税仕入れの対象。ただし, この場合でも全部の引渡しを待って課税仕入れとすることもできる（消基通 11-3-6)

設備関係支出

教育研究用機器備品支出	標本及び模型の取得のための支出を含む。	課	
管理用機器備品支出		課	
図書支出		課	
車両支出		課	

ソフトウェア支出	ソフトウェアに係る支出のうち資産計上されるものをいう。	課	
資産運用支出			
有価証券購入支出		非	消法別表1二
第2号基本金引当特定資産繰入支出		不	
第3号基本金引当特定資産繰入支出		不	
（何）引当特定資産繰入支出		不	
収益事業元入金支出	収益事業に対する元入額の支出をいう。	不	
その他の支出			
貸付金支払支出	収益事業に対する貸付金の支出を含む。	不	
手形債務支払支出		不	
前期末未払金支払支出		不	
預り金支払支出		不	
前払金支払支出		不	

2　社会福祉法人（主に保育所・認定こども園等）の課否判定表

　勘定科目は「社会福祉法人会計基準」(平成28年3月31日厚生労働省令第79号，一部改正平成30年3月20日厚生労働省令第25号)」の「（何）拠点区分　資金収支計算書（社会福祉法人会計基準第一号第四様式)」から一部抜粋しています。

＜事業活動による収入＞

※１保育所で使用する科目　　※２認定こども園で使用する科目

※３地域型保育施設で使用する科目

大科目			科目説明	課税区分	備考等
中科目					
	小科目				
保育事業収入					
	施設型給付費収入				
		施設型給付費収入(※2)	施設型給付費代理受領分をいう。	非	消法別表１七ロ, 消基通6-7-5(2)二
		利用者負担金収入(※2)	施設型給付費における利用者等からの利用者負担金(保育料) 収入をいう。	非	消法別表１七ロ, 消基通6-7-5(2)二
	特例施設型給付費収入				
		特例施設型給付費(※2)	特例施設型給付費の代理受領分をいう。	非	消法別表１七ロ, 消基通6-7-5(2)二
		利用者負担金収入(※2)	特例施設型給付費における利用者等からの利用者負担金(保育料)収入をいう。	非	消法別表１七ロ, 消基通6-7-5(2)二
	地域型保育給付費収入(※3)				
		地域型保育給付費収入	地域型保育給付費の代理受領分をいう。	非	消法別表１七ロ, 消基通6-7-5(2)二
		利用者負担金収入	地域型保育給付費における利用者等からの利用者負担金(保育料) 収入をいう。	非	消法別表１七ロ, 消基通6-7-5(2)二
	特例地域型保育給付費収入(※3)				
		特例地域型保育給付費収入	特例地域型保育給付費の代理受領分をいう。	非	消法別表１七ロ, 消基通6-7-5(2)二

	利用者負担金収入	特例地域型保育給付費における利用者等からの利用者負担金（保育料）収入をいう。	非	消法別表1七ロ，消基通6-7-5(2)二
委託費収入（※1）		子ども・子育て支援法附則6条に規定する委託費収入（私立保育所における保育の実施等に関する運営費収入）	非	消法別表1七ロ，消基通6-7-5(2)二
利用者等利用料収益				
	利用者等利用料収益（公費）（※2，※3）	実費徴収額（保護者が支払うべき日用品等に要する費用等）にかかる補定給付収入	非	消法別表1七ロ，消基通6-7-5(2)二 認定こども園，地域型保育施設の給食代・食材費等
	利用者等利用料収益（一般）（※2，※3）	実費徴収額（保護者が支払うべき日用品等に要する費用等）にかかる補定給付収入以外の収入	非	消法別表1七ロ，消基通6-7-5(2)二 認定こども園，地域型保育施設の給食代・食材費等
	その他の利用料収入（※1～※3）	特定負担額（教育・保育の質の向上を図る上で特に必要であると認められる対価）など上記に属さない利用者からの収入をいう。	非	消法別表1七ロ，消基通6-7-5(2)二
私的契約利用料収入（※1～※3）		保育所等における私的契約に基づく利用料収入をいう。	非	消法別表1七ロ，消基通6-7-5(2)二 あまり使用せず。
その他の事業収入（※1～※3）			企業主導型保育事業等もこの科目で処理。	
	補助金事業収入（公費）	保育所等に関連する事業に対して，国及び地方公共団体から交付される補助金事業収入をいう。	不特	消法60④消基通5-2-15,16-2-1(2)（ただし，特定支出のみに使途が特定されているときは特定収入以外の収入） 一時預かり事業，延長保育，休日保育等に対する補助金。

	補助金事業収入（一般）	保育所等に関連する事業に対して，国及び地方公共団体以外から交付される補助金事業収入をいう（共同募金からの配分金（受配者指定寄附金を除く）及び助成金を含む）。保育所等に関連する補助金事業に係る利用者からの収入も含む）。	不特又は課非	消法 60 ④消基通 5-2-15,16-2-1 (2)（ただし，特定支出のみに使途が特定されているときは特定収入以外の収入）利用者からの収入は非又は課。一時預かり事業，延長保育，休日保育等に対する利用者負担額。
	受託事業収入（公費）	保育所等に関連する地方公共団体から委託された事業に係る収入をいう。	非	消法別表 1 七ロ，消基通 6-7-5 (2)二病児病後児保育事業，学童保育事業に対する委託費等。
	受託事業収入（一般）	保育所等に関連する受託事業に係る利用者からの収入をいう。	非	消法別表 1 七ロ，消基通 6-7-5 (2)二病児病後児保育事業，学童保育事業に対する利用者負担額等。
	その他の事業収入	上記に属さないその他の事業収入をいう。利用者からの収入も含む。	非	消法別表 1 七ロ，消基通 6-7-5 (2)二主食費等。

○○事業収入

	○○事業収入	事業の内容を示す名称を付した科目で記載する。	非又は課	

その他の事業収入

	補助金事業収入（公費）	○○事業に対し交付される国及び地方公共団体等からの補助金等の事業収入をいう。	不特	消 60 ④消 基 通 5-2-15,16-2-1 (2)（ただし，特定支出のみに使途が特定されているときは特定収入以外の収入）

	補助金事業収入（一般）	○○事業に対して交付される国及び地方公共団体等からの補助金等の事業収入をいう（共同募金からの配分金（受配者指定寄附金を除く）及び助成金を含む）。補助金事業に係る利用者からの収入も含む。	不（特）非又は課	補助金は不（特） 利用者からの収入⇒非又は課 管理費収入⇒課 家賃収入⇒非
	受託事業収入（公費）	○○事業に関連する地方公共団体から委託された事業に係る収入をいう。	課，非又は不	内容を個別に検討する必要がある。
	受託事業収入（一般）	○○事業に関連する受託事業に係る利用者からの収入をいう。	課，非又は不	内容を個別に検討する必要がある。
	その他の事業収入	上記に属さないその他の事業収入をいう。利用者からの収入も含む。	課，非又は不	内容を個別に検討する必要がある。
借入金利息補助金収入		施設整備及び設備整備に関する借入金利息に係る地方公共団体からの補助金等の収入をいう。	不	消令75①六イ 特定支出（利息）に充当され，特定収入に該当しない。
経常経費寄付金収入		経常経費に対する寄付金及び寄付物品をいう。	不（特）	消60④
受取利息配当金収入		預貯金，有価証券，貸付金等の利息及び配当金等の収入をいう。	非又は不（特）	消法別表1三 配当金等⇒不（特）
その他の収入（※1～※3）				
	受入研修費収入	研修の受入に対する収入をいう。	課	
	利用者等外給食費収入	職員等患者・利用者以外に提供した食事に対する収入をいう。	課	利用者等外給食費支出と対応。原価計算を行い配分することも検討する必要がある。
	雑収入	上記に属さない事業活動による収入をいう。	課，非又は不	内容を個別に検討する必要がある。

流動資産評価益等による資金増加額			
	有価証券売却益	有価証券（投資有価証券を除く）を売却した場合の売却益をいう。	非	消法別表1二
	有価証券評価益	有価証券（投資有価証券を除く）を売却した場合の評価益をいう。	不	
	為替差益	外国通貨, 外貨建て金銭債権債務（外貨預金を含む）及び外貨建て有価証券等について, 円換算によって生じた換算差益をいう。	不	

＜事業活動による支出＞

大科目		説明	課税区分	備考・根拠法令等
	小科目			
人件費支出				
	役員報酬支出	法人役員に支払う報酬, 諸手当をいう。	不	消基通11-1-2
	職員給料支出	常勤職員に支払う俸給, 諸手当をいう。	不	消基通11-1-2
	職員賞与支出	常勤職員に支払う賞与をいう。	不	消基通11-1-2
	非常勤職員給与支出	非常勤職員に支払う俸給・諸手当及び賞与をいう。	不	消基通11-1-2
	派遣職員費支出	派遣会社に支払う金額をいう。	課	消法2①十二
	退職給付支出	退職共済制度など, 外部供出型の退職手当制度に対して法人が拠出する掛金額及び退職手当として支払う金額をいう。	不	消基通11-1-2

法定福利費支出	法令に基づいて法人が負担する健康保険料, 厚生年金保険料, 雇用保険料等の支出をいう。	非	消法別表1三

事業費支出

給食費支出	食材及び食品の支出をいう。なお, 給食業務を外部委託している施設又は事業所にあっては, 材料費を計上すること。	課	消法2①十二
保険衛生費支出	利用者の健康診断の実施, 施設内又は事業所内の消毒等に要する支出をいう。	課	課消法2①十二
教養娯楽費支出	利用者のための新聞等の購読, 娯楽用品の購入及び行楽演芸会等の実施のための支出をいう。	課	消法2①十二 保育所における遊具の購入, 運動会等の実施のための費用は, この科目でなく「保育材料費支出」で処理する。
保育材料費支出	保育に必要な文具材料, 絵本等の支出及び運動会等の行事を実施するための支出をいう。	課	消法2①十二
本人支給金支出	利用者に小遣い, その他の経費として現金支給をするための支出をいう。	課	消法2①十二 利用者に金銭を支給することが想定されていない施設では, この科目は使用しない。
水道光熱費支出	利用者に直接必要な電気, ガス, 水道等の支出をいう。	課	消法2①十二
燃料費支出	利用者に直接必要な灯油, 重油等の燃料費（車輌費で計上する燃料費を除く）をいう。	課	消法2①十二

消耗器具備品費支出	利用者の処遇に直接使用する介護用品以外の消耗品，器具備品で，固定資産の購入に該当しない支出をいう。	課	消法2①十二
保険料支出	利用者に対する生命保険料及び損害保険料をいう。	非	消法別表1三 職員を被保険者とする傷害保険料は「福利厚生費支出」で処理する。
賃借料支出	利用者が利用する器具及び備品等のリース料，レンタル料をいう。	課又は非	通常のリース料は課，ファイナンスリース料について契約において賃借料と区分された利子・保険料部分は非。
教育指導費支出	利用者に対する教育訓練に直接要する支出をいう。	課	消法2①十二 保育所の場合は使用できない。
葬祭費支出	利用者が死亡したときの葬祭に要する支出をいう。	非	消法別表1九
車輌費支出	乗用車，送迎用自動車，救急車等の燃料費，車輌検査等の支出をいう。	課	消法2①十二
雑支出	事業費のうち他のいずれにも属さない支出をいう。	課，非又は不	内容を個別に検討する必要がある。

事務費支出

福利厚生費支出	役員・職員が福利施設を利用する場合における事業主負担額，健康診断その他福利厚生のための要する法定外福利費をいう。	課	
職員被服費支出	職員に支給又は貸与する白衣，予防衣，診察衣，作業衣などの購入，洗濯等の支出をいう。	課	

旅費交通費支出	業務に係る役員・職員の出張旅費及び交通費（ただし，研究，研修のための旅費を除く）をいう。	課	
研修研究費支出	役員・職員に対する教育訓練に直接要する支出（研究・研修のための旅費を含む）をいう。	課	
事務消耗品費支出	事務用に必要な消耗品及び器具什器のうち，固定資産の購入に該当しないものの支出をいう。	課	
印刷製本費支出	事務に必要な書類，諸用紙，関係資料などの印刷及び製本に要する支出をいう。	課	
水道光熱費支出	事務用の電気，ガス，水道等の支出をいう。	課	
燃料費支出	事務用の灯油，重油等の燃料費（車輌費で計上する燃料費を除く）をいう。	課	
修繕費支出	建物，器具及び備品等の修繕又は模様替の支出をいう。ただし，建物，器具及び備品を改良し，耐用年数を延長させるような資本的支出を含まない。	課	
通信運搬費支出	電話，電報，ファックスの使用料，インターネット接続料及び切手代，葉書代その他通信・運搬に要する支出をいう。	課	
会議費支出	会議時における茶菓子代，食事代等の支出をいう。	課	

広報費支出	施設及び事業所の広報料，パンフレット・機関誌・広報誌作成などの印刷製本費等に要する支出をいう。	課	ホームページの作成費用など
業務委託費支出	洗濯，清掃，夜間警備及び給食（給食食材費を除く）など施設の業務の一部を他に委託するための支出（保守料を除く）をいう。必要に応じて検査委託，給食委託，寝具委託，医事委託，清掃委託など，小区分で更に細分化することができる。	課	施設で行うことができる業務の一部を法人の外部に委託する際に発生する支出 会計業務の委託費，税理士等の顧問料
手数料支出	役務提供に係る支出のうち，業務委託費以外のものをいう。	課	行政等でしか提供できない役務，専門的な知識や技術を要するために法人では行うことが不可能又は困難な役務に対する支出
保険料支出	生命保険料及び建物，車輌運搬具，器具及び備品等に係る損害保険契約に基づく保険料をいう。ただし，福利厚生費に該当するものを除く。	非	消法別表1三
賃借料支出	固定資産に計上を要しない器械等のリース料，レンタル料をいう。	課	
土地・建物賃借料支出	土地，建物等の賃借料をいう。	非又は課	消法別表1十三 住宅の賃借は非。
租税公課支出	消費税及び地方消費税の申告納税，固定資産税，印紙税，登録免許税，自動車税，事業税等をいう。	不	
保守料支出	建物，各種機器等の保守・点検料等をいう。	課	

	渉外費支出	創立記念日等の式典，慶弔，広報活動（広報費に属する支出を除く）等に要する支出をいう。	課又は不	香典お祝い金等は不課税。保育所ではこの科目を使用できない。
	諸会費支出	各種組織への加盟等に伴う会費，負担金等の支出をいう。	不	保育所ではこの科目は使用できないため「事務費・雑支出」で処理する。
	雑支出	事務費のうち他のいずれにも属さない支出をいう。	課，非又は不	内容を個別に検討する必要がある。
利用者負担軽減額		利用者負担を軽減した場合の利用者負担軽減額をいう（無料又は低額で診療を行う場合の割引額を含む）。	非又は課	収入が非課税ならば軽減額も非課税。
支払利息支出		設備資金借入金，長期運営資金借入金及び短期運営資金借入金の利息，及び支払リース料のうち利息相当額として処理するものをいう。	非	消法別表1 三
その他の支出				
	利用者等外給食支出	職員，来訪者等利用者以外に提供した食材及び食品の支出をいう。	課	
	雑支出	上記に属さない支出をいう。	課，非又は不	内容を個別に検討する必要がある。
流動資産評価損等による資金減少額				
	有価証券売却損	有価証券（投資有価証券を除く）を売却した場合の売却損をいう。	非	消法別表1 二

資産評価損				
	有価証券評価損	有価証券（投資有価証券を除く）を売却した場合の売却損をいう。	不	
	○○評価損	資産の時価の著しい下落に伴い，その回復が可能であると認められない場合に当該資産に対して計上する評価損をいう。	不	
為替差損		外国通貨，外貨建て金銭債権債務（外貨預金を含む）及び外貨建て有価証券等について，円換算によって生じた換算差をいう。	不	
徴収不能額		金銭債権のうち徴収不能として処理した額をいう。	非又は課	債権発生時の収入が非課税であれば徴収不能分も非課税。

＜施設整備等による収入＞

大科目		説明	課税区分	備考・根拠法令等
	小科目			
施設整備等補助金収入				
	施設整備等補助金収入	施設整備及び設備整備に係る地方公共団体等からの補助金等の収入をいう。	不特	消基通 5-2-15,16-2-1 (2)
	設備資金借入元金償還補助金収入	施設整備及び設備整備に対する借入金元金償還に係る地方公共団体等からの補助金等の収入をいう。	不特	消基通 5-2-15,16-2-1 (2)

施設整備等寄付金収入				
	施設整備等寄付金収入	施設整備及び設備整備に係る寄付金等の収入をいう。なお, 施設の創設及び増築時等に運転資金に充てるために収受した寄付金を含む。	不⑮	消基通 5-2-15,16-2-1 (2)
	設備資金借入元金償還補助金収入	施設整備及び設備整備に対する借入金元金償還に係る寄附金等の収入をいう。	不⑮	消基通 5-2-15,16-2-1 (2)
設備資金借入金収入		施設整備及び設備整備に対する借入金の受入額をいう。	不	不消令 75 ① 一
その他の施設整備等による収入				
	○○収入	施設整備及び設備整備による収入で他のいずれの科目にも属さない収入をいう。収入の内容を示す名称を付した科目で記載する。	課, 非又は不	内容を個別に検討する必要がある。

<施設整備等による支出>

大科目		説明	課税区分	備考・根拠法令等
	小科目			
設備資金借入元金償還補助金支出		設備（施設整備及び設備整備）資金の借入金に基づく元金償還額をいう。	不	
固定資産取得支出				
	土地取得支出	土地を取得するための支出をいう。	非	消法別表 1 一
	建物取得支出	建物を取得するための支出をいう。	課	

		説明	課税区分	備考・根拠法令等
車輌運搬具取得支出		車輌運搬具を取得するための支出をいう。	課	
器具及び備品取得支出		器具及び備品を取得するための支出をいう。	課	
建設仮勘定支出		建物の建設等について支払う着手金,中間金等の支出をいう。	課又は不	完成引渡しの時期にまとめて仕入税額控除の対象とできる（消基通11-3-6）。
固定資産除却・廃棄支出		建物取壊支出の他の固定資産の除却,廃棄等に係る支出をいう。	不	
ファイナンス・リース債務の返済支出		ファイナンス・リース取引に係る支払リース料のうち,元本相当額をいう。	不	
その他の施設整備等による支出				
	○○支出	施設整備及び設備整備による支出で他のいずれの科目にも属さない支出をいう。支出の内容を示す名称を付した科目で記載する。	課,非又は不	内容を個別に検討する必要がある。

＜その他の活動による収入＞

大科目		説明	課税区分	備考・根拠法令等
	小科目			
長期運営資金借入金元金償還寄付金収入		長期運営資金（設備資金を除く）借入金元金償還に係る寄付金収入をいう。	不特	消基通5-2-15,16-2-1 (2)
長期運営資金借入金収入		長期運営資金（設備資金を除く）借入金の受入額をいう。	不	消令75①一
役員等長期借入金収入		役員（評議員を含む）からの長期借入金の受入額をいう。	不	

長期貸付金回収収入	長期に貸し付けた資金の回収による収入をいう（1年以内回収による収入を含む）。	不	消令75①四
投資有価証券売却収入	投資有価証券の売却収入（収入総額）をいう。	非	消法別表1二
積立資金取崩収入			
退職給付引当資産取崩収入	退職給付引当資産の取崩しによる収入をいう。	不	
長期預り金積立資金取崩収入	長期預り金積立資産の取崩しによる収入をいう。	不	
○○積立資産取崩収入	投資有価証券の売却収入（収入総額）をいう。	不	
事業区分間長期借入金収入	他の事業区分から長期に借り入れた資金の収入をいう。	不	
拠点区分間長期借入金収入	同一事業区分内における他の拠点区分から長期に借り入れた資金の収入をいう。	不	
事業区分間長期貸付金回収収入	他の事業区分へ長期に貸し付けた資金の回収による収入をいう（1年以内回収予定事業区分間長期貸付金の回収による収入を含む）。	不	
拠点区分間長期貸付金収入	他の事業区分へ長期に貸し付けた資金の回収による収入をいう（1年以内回収予定事業区分間長期貸付金の回収による収入を含む）。	不	
事業区分間繰入金収入	他の事業区分からの繰入金収入をいう。	不	
拠点区分間繰入金収入	同一事業区分内における他の拠点区分からの繰入金収入をいう。	不	

その他の活動による収入			
○○収入	その他の活動による収入で上記に属さない収入をいう。収入の内容を示す名称を付した科目で記載する。	課，非又は不	内容を個別に検討する必要がある

＜その他の活動による支出＞

大科目 　　小科目	説明	課税区分	備考・根拠法令等
長期運営資金借入金元金償還支出	長期運営資金（設備資金を除く）借入金に基づく元金償還額をいう（1年以内返済予定長期運営資金借入金の償還額を含む）。	不	
役員等長期借入金元金償還支出	役員（評議員を含む）からの長期借入金の返済額をいう。	不	
長期貸付金支出	長期に貸し付けた資金の支出をいう。	不	
投資有価証券取得支出	投資有価証券を取得するための支出をいう。	非	消法別表1二
積立資金支出			
退職給付引当資産支出	退職給付引当資産への積立による支出をいう。	不	
長期預り金積立資金支出	長期預り金積立資産への積立による支出をいう。	不	
○○積立資産支出	積立資産への積立てによる支出をいう。なお，積立資産の目的を示す名称を付した科目で記載する。	不	

事業区分間長期貸付金支出	他の事業区分から長期に貸し付けた資金の支出をいう。	不	
拠点区分間長期貸付金支出	同一事業区分内における他の拠点区分へ長期に貸し付けた資金の支出をいう。	不	
事業区分間長期借入金返済支出	他の事業区分から長期に借り入れた資金に基づく元金償還額をいう（1年以内返済予定事業区分間長期借入金の償還額を含む）。	不	
拠点区分間長期借入金返済支出	同一事業区分内における他の拠点区分から長期に借り入れた資金に基づく元金償還額をいう（1年以内返済予定拠点区分間長期借入金の償還額を含む）。	不	
事業区分間繰入金支出	他の事業区分への繰入金支出をいう。	不	
拠点区分間繰入金支出	同一事業区分内における他の拠点区分への繰入金支出をいう。	不	
サービス区分間繰入金支出	同一拠点区分内における他のサービス区分への繰入金支出をいう。	不	
その他の活動による支出			
○○支出	その他の活動による支出で上記に属さない支出をいう。支出の内容を示す名称を付した科目で記載する。	課，非又は不	内容を個別に検討する必要がある。

<参考>

　「水道光熱費（支出）」，「燃料費（支出）」，「賃借料（支出）」，「保険料（支出）」については原則，事業費（支出）のみに計上できます。ただし，措置費，保育所運営費の弾力運用が認められないケースでは，事業費（支出），事務費（支出）双方に計上するこ

とになっています（社会福祉法人会計基準の制定に伴う会計処理等に関する運営上の留意事項について（最終改正平成 30 年 3 月 20 日）。

第5章

学校法人等への寄附金等に係る税務

学校法人等に対する寄附金等については，その公益性から各種の税法上の優遇措置がとられています。これらの制度は，学校法人等の公益法人へ寄附を行う者に対して税を軽減することにより，公益法人等への寄附の増加を図るものです。

1 個人からの寄附

1 特定寄附金を支出した場合の所得控除（寄附金控除）

個人が学校法人等に対して特定寄附金を支出した場合には，その個人のその寄附をした年分の所得税の計算上，所得控除（寄附金控除）を受けることができます（所法78条）。

(1) 特定寄附金の範囲

特定寄附金とは，次のものをいいます。ただし，学校の入学に関してするものは特定寄附金には該当しないものとされています。

① 国又は地方公共団体に対する寄附金

② 財務大臣が指定した寄附金（私立学校振興・共済事業団の受配者指定寄附金等）

③ 特定公益増進法人に対する寄附金で，その法人の主たる目的である業務に関連するもの

④ 認定NPO法人に対する寄附金で，その法人の行う特定非営利活動に係

る事業に関連するもの

(2) 特定公益増進法人に対する寄附金

❶ 特定公益増進法人の範囲

上記(1)③の特定公益増進法人とは，公益法人等のうち，教育又は科学の振興，文化の向上，社会福祉への貢献その他公益の増進に著しく寄与するものとして，所得税法施行令第217条第1項に列挙されています。

学校法人等については，下記のように規定されています（所令217条1項4号，所規40条の9）。

私立学校法第3条に規定する学校法人で，学校^(注)の設置若しくは学校及び専修学校（学校教育法124条に規定する専修学校で次の①又は②のいずれかの課程による教育を行うものをいう。以下同じ）若しくは各種学校（学校教育法134条1項に規定する各種学校で財務省令で定めるものをいう。以下同じ）の設置を主たる目的とするもの又は私立学校法第64条第4項の規定により設置された法人で専修学校若しくは各種学校の設置を主たる目的とするもの

(注) 学校教育法第1条に規定する学校及び就学前の子どもに関する教育，保育等の総合的な提供の推進に関する法律（平成18年法律第77号）に規定する幼保連携型認定こども園

① 学校教育法第125条第1項に規定する高等課程でその修業期間（普通科，専攻科その他これらに準ずる区別された課程があり，一の課程に他の課程が継続する場合には，これらの課程の修業期間を通算した期間をいう。次の②において同じ）を通ずる授業時間数が2,000時間以上であるもの

② 学校教育法第125条第1項に規定する専門課程でその修業期間を通ずる授業時間数が1,700時間以上であるもの

③ 初等教育又は中等教育を外国語により施すことを目的として設置された学校教育法第134条第1項に規定する各種学校であって，文部科学大臣が財務大臣と協議して定める基準に該当するもの

(3)　所轄庁の証明

　特定公益増進法人に対する寄附金は，前述の法人の主たる目的である業務に関連するものとされていますが，この関連性については，その法人の募金趣意書，事業計画書，募金計画書の写し等を総合勘案して判定することとされています（法基通9-4-7）。

　この法人に該当するかどうかは，学校法人等の所轄庁が判定して，該当証明書をその法人に交付することとされており，この証明書は学校法人等では5年間有効であるとされています（所令217条4号）。

　寄附をした個人が，寄附金控除の適用を受ける場合には，学校法人等からこの証明書の写しの交付を受けて，所得税の確定申告書提出の際に添付又は掲示することが要件とされています。

(4)　寄附金控除の額

　個人が上記の特定寄附金を支出した場合において，その個人のその支出した年分の所得金額から控除される寄附金控除の額は，次の算式により計算した金額となります。

$$\text{寄附金の所得控除額} = \frac{\text{特定寄附金の合計額と総所得金額等の40\%}}{\text{のうちいずれか少ない方の額}} - 2{,}000\text{円}$$

(5)　留意事項

　特定寄附金に該当しないものとされる「学校の入学に関してするもの」とは，自己又は子女等の入学を希望する学校に対してする寄附金で，その納入がない限り入学を許されないこととされるものその他その入学と相当の因果関係のあるものをいうものとされています。この場合において，入学願書受付の開始日から入学が予定される年の年末までの期間内に納入したもの（入学決定後に募集の開始があったもので，新入生以外の者と同一の条件で募集される部分を除く）は，原則として「入学と相当の因果関係のあるもの」に該当するものとされていま

す（所基通78-2）。

次に掲げる寄附金も「学校の入学に関してするもの」に該当するものとなります（所基通78-3）。

① 自己又は子女等の入学を希望して支出する寄附金で，入学辞退等により結果的に入学しないこととなった場合のもの

② 自己又は子女等が入学する学校に対して直接支出する寄附金のほか，当該学校と特殊の関係にある団体等に対して支出するもの

③ 金銭以外のものの寄附も寄附金控除の対象となり，その場合の寄附金の額は寄附した時のその寄附した財産の価額（時価）によるのが原則ですが，学校法人等に対する財産の贈与又は遺贈のうち，後述のみなし譲渡所得等の非課税の特例の適用を受けるものについては，特定寄附金の額は，その財産の時価から非課税とされる譲渡益の額を控除した金額（その財産の取得費相当額）となります（措法40条19項）。

2　特定寄附金を支出した場合の特別控除

個人が，一定の要件を満たした学校法人等に対して特定寄附金を支出した場合には上記**1**(4)の所得控除に代えて，次に掲げる金額を所得税額から控除することができます（寄附金控除か税額控除がいずか有利な方を選択できる）。

$$\begin{array}{l}（特定寄附金の合計額－2000\,円）\\（所得税額の\,25\%\,が限度）\end{array} \times 40\%$$

この制度は，所得控除に比べ，特に小口の寄附金支出者への減税効果が高いことが特徴といわれています。

また，税額控除制度が適用される学校法人等の範囲は寄附金控除の場合よりも限定されており，PST（パブリック・サポート・テスト）要件，情報公開要件など所定の要件を充足することにつき行政庁の証明を受けていることとされています。なお，令和2年大綱によれば，寄附金が学生又は不安定な雇用状態で

ある研究者に対する研究への助成又は研究者としての能力の向上のための事業（研究等支援事業）に充てられることが確実なものとして一定の要件を満たすことを所管庁が確認したものを，当該寄附金の範囲に加えるとされています。この他にも，適用対象となる学校法人等が閲覧対象とすべき書類の範囲に役員に対する報酬等の支給の基準等を加えること，PST要件について総収入金額及び受け入れた寄附金の総額から，民間公益活動を促進するための休眠預金等に係る資金の活用に関する法律に基づいて事業を実施するために受け取った助成金の額を除外するとされています。

　PST要件は，法人が過去に受けた寄附実績において，下記の要件1又は要件2のうち，いずれかを満たす必要があります。

> **要件1（絶対値要件）：3,000円以上の寄附者（判定基準寄附者数）が，年平均100人以上**

　次に掲げる事業年度においてはそれぞれ次に定める寄附者数（次に掲げる事業年度のいずれにも該当する場合には，次に定める数のうちいずれか多い寄附者数）とする。

> ①　定員の合計数が5,000人に満たない事業年度
>
> 判定基準寄附者数＝実際の寄附者数×5,000÷定員等の総数
> 　　　　　　　　　　（当該定員数の総数が500未満の場合は500）
> かつ③の要件を満たすこと。
>
> 【平成28年度税制改正による要件緩和】
> 　公益目的事業費用が1億円に満たない事業年度がある場合には，その事業年度の寄附者は，②により計算した判定基準寄附者数を算定，かつ③の要件を満たすこと。

$$② \quad 判定基準寄附者数 = \frac{（実際の寄附者数 × 1 億円）}{公益目的事業費用の額の合計額}$$
（1,000 万円未満の場合には 1,000 万円）

③ 寄附金総額が年平均 30 万円以上

要件2（相対値要件）：法人の経常収入金額に決める寄附金収入金額の割合が
5分の1以上

---

③ 贈与等に係るみなし譲渡課税と非課税特例

　個人が法人に対して，土地や建物などの譲渡所得の基因となる財産や山林を寄附した場合は，時価により譲渡があったものをみなされて，財産の取得時から寄附時までの値上り益に対して譲渡所得等の課税が行われます（所法59条1項1号）。

　ただし，国や地方公共団体に対して，譲渡所得の基因となる財産や山林を寄附した場合には，その寄附に基づく譲渡所得等は非課税とされます。また，学校法人等に対して，譲渡所得の基因となる財産や山林を寄附した場合は，一定の要件を満たすものとして国税庁長官の承認を受けたものについて，その寄附に基づく譲渡所得等が非課税とされることとなります（措法40条1項，措令25条の17第5項）。なお，この特例の適用を受けた場合，時価と簿価との差額である値上り益相当の譲渡所得部分については寄附金控除が受けられず，贈与を行った財産の取得費が寄附金控除の対象となります。

　なお，国税庁長官から非課税承認の取消しがあった場合，寄附した者又は受贈法人（学校法人を個人とみなす）に対して，原則として非課税承認の取り消された日の属する年の所得として所得税が課されます。この場合は，寄附を行った人の寄附金控除の適用対象額は「時価」となります。

▶【譲渡所得税非課税と寄附金控除の併用】

(1)　国税庁長官の承認を受けるための要件

　学校法人等に対して財産の寄附をした場合の譲渡所得等の課税について国税庁長官の承認を受けるためには，次に掲げる要件の全てを満たすことが必要とされています（一般特例・措令25条の17第5項）。

　①　その寄附が，教育又は科学の振興，文化の向上，社会福祉への貢献その他公益の増進に著しく寄与すること

　②　寄附した財産（一定のやむを得ない理由によりその財産を譲渡する場合には，その譲渡による収入金額の全部に相当する金額をもって取得した減価償却資産，土地及び土地の上に存する権利）が，その寄附があった日以後2年以内に，寄附を受けた学校法人等の公益目的事業の用に供され，又は供される見込みであること

　③　学校法人等に対して財産を寄附することによりその寄附者の所得税の負担を不当に減少させ，又は寄付者の親族その他これらの者と特別の関係がある者の相続税若しくは贈与税の負担を不当に減少させる結果とならないと認められること

　①の「公益の増進に著しく寄与するかの判定」については，その財産に係る公益目的事業が公益の増進に著しく寄与するかで判定され，次の表にある基準で判定されます（措法40条）。

公益の増進に著しく寄与するかの判断基準

判定基準	具体的判定基準
(1)　公益目的事業の規模 　当該贈与又は遺贈を受けた公益法人等の当該贈与又は遺贈に係る公益目的事業が，その事業の内容に応じ，その公益目的事業を行う地域又は分野において社会的存在として認識される程度の規模を有すること	例えば，次のイからヌまでに掲げる事業がその公益法人等の主たる目的として行われているときは，当該事業は，社会的存在として認識される程度の規模を有するものに該当するものとして取り扱う。 　イ　学校教育法（昭和22年法律第26号）第1条に規定する学校を設置運営する事業 　ロ　社会福祉法第2条第2項各号及び第3各号《定義》に規定する事業 　ハ　更生保護事業法第2条第1項に規定する更生保護事業 　ニ　宗教の普及その他教化育成に寄与することとなる事業 　ホ　博物館法（昭和26年法律第285号）第2条第1項《定義》に規定する博物館第10条《登録》の規定による博物館を設置運営する事業 　ヘ　図書館法（昭和25年法律第118号）第2条第1項《定義》に規定する図書館を設置運営する事業 　ト　30人以上の学生若しくは生徒（以下「学生等」という）に対して学資の支給若しくは貸与をし，又はこれらの者の修学を援助するための寄宿舎を設置運営する事業（学資の支給若しくは貸与の対象となる者又は寄宿舎の貸与の対象となるものが都道府県の範囲よりも狭い一定の地域内に住所を有する学生等若しくは当該一定の地域内に所在する学校の学生等に限定されて

いるものを除く）

チ　科学技術その他の学術に関する研究を行うための施
設（以下「研究施設」という）を設置運営する事業又
は当該学術に関する研究を行う者（以下「研究者」と
いう）に対して助成金を支給する事業（助成金の支給
の対象となる者が都道府県の範囲よりも狭い一定の
地域内に住所を有する研究者又は当該一定の地域内に
所在する研究施設の研究者に限定されているものを除
く）

リ　学校教育法第124条に規定する専修学校又は同法
第134条第1項に規定する各種学校を設置運営する
事業で，次の要件を具備するもの

(イ)　同時に授業を受ける生徒定数は，原則として80
人以上であること

(ロ)　法人税法施行規則（昭和40年大蔵省令第12号）
第7条第1号及び第2号《学校において行う技芸
の教授のうち収益事業に該当しないものの範囲》に
定める要件

ヌ　医療法第1条の2第2項に規定する医療提供施設
を設置運営する事業を営む法人で出資持分の定めのな
いものが行う事業が次の(イ)及び(ロ)の要件又は(ハ)の要件
を満たすもの

(イ)　医療法施行規則（昭和23年厚生省令第50号）
第30条の35の3第1項第1号ホ及び第2号《社
会医療法人の認定要件》に定める要件（この場合
において，同号イの判定にあたっては，介護保険法
（平成9年法律第123号）の規定に基づく保険給付
に係る収入金額を社会保険診療に係る収入に含めて

	差し支えないものとして取り扱う）
	㈥　その開設する医療提供施設のうち1以上のものが，その所在地の都道府県が定める医業法第30条の4第1項に規定する医療計画において同条第2項第2号に規定する医療連携体制に係る医療提供施設として記載及び公示されていること
	㈦　租税特別措置法施行令第39条の25第1項第1号《法人税率の特定の適用を受ける医療法人＝特定医療法人の要件等》に規定する厚生労働大臣が財務大臣と協議して定める基準
⑵　公益の分配	当該贈与又は遺贈を受けた公益法人等の事業の遂行により与えられる公益が，それを必要とする者の現在又は将来における勤務先，職業などにより制限されることなく，公益を必要とする全ての者（やむを得ない場合においてはこれらのものから公平に選出された者）に与えられるなど公益の分配が適正に行われること
⑶　事業の営利性 　当該公益法人等の当該贈与又は遺贈に係る公益目的事業において，その公益の対価がその事業の遂行に直接必要な経費と比べて過大でないことその他当該公益目的事業の運営が営	営利企業的に行われている事実がないかどうかの判定は，当分の間，それぞれ次に掲げる法令の要件又は通達に準じて行うものとして取り扱う。 1　専修学校又は各種学校の設置運営を目的とする学校法人等 　当該法人が生徒から経常的に受け入れる授業料その他の金額の総額は，教職員の給与，研究費及び共済組合等の掛金，生徒諸費（支給教材費及びこれに関連する費用，支給奨学金及びこれに類する費用，生徒の保険費及び福利厚生費並びに生徒の娯楽運動に要する費用をいう）並

利企業的に行われている事実がないこと	びに教育用備品費（図書費，教具費及び校具費をいう）の総額の概ね 1.5 倍相当額の範囲内であること（昭和 35 年 5 月 26 日付文管振第 207 号「準学校法人の認可基準の解釈および運用について」文部省管理局長通達の別紙（準学校法人の認可基準の解釈及び運営方針）のⅡの 4 の(1)）。

2　幼稚園の設置運営を目的とする学校法人

　　当該法人の園児にかかる経常的な授業料その他の収入金額の総額は，教職員の給与，研究費及び共済組合等の掛金，園児諸費（支給教材費及びこれに関連する費用，保健費，福利厚生費及び娯楽運動に要する費用をいう）及び教育用備品費（図書並びに園具及び教具（幼稚園設置基準第 10 条に掲げる園具及び教具をいう）の購入及び修繕に要する費用をいう）並びに教育用消耗品費の概ね 1.5 倍相当額の範囲内であること（昭和 36 年 5 月 23 日付文管振第 193 号「幼稚園を設置する学校法人に対する幼稚園のための財産の贈与又は遺贈の非課税取扱いについて」文部省管理局長通達の記の 2 の(2)

3　上記(1)のヌの(イ)及び(ロ)の要件を満たす法人

　　医療法人の事業について，次のいずれにも該当すること

イ　病院，診療所，介護老人保健施設及び介護医療院の業務に係る費用の額が経常費用の額の 100 分の 60 を超えること

ロ　社会保険診療（税特別措置法（昭和 32 年法律第 26 号）第 26 条第 2 項に規定する社会保険診療をいう。以下同じ）に係る収入金額（労働者災害補償保険法（昭和 22 年法律第 50 号）に係る患者の診療報酬（当該診療報酬が社会保険診療報酬と同一の基準によっている場合又は当該診療報酬が少額（全収入金額の概ね

100 分の 10 以下の場合をいう）の場合に限る）を含
む），健康増進法（平成 14 年法律第 103 号）第 6 条
各号に掲げる健康増進事業実施者が行う同法第 4 条に
規定する健康増進事業（健康診査にかかるものに限る。
以下同じ）に係る収入金額（当該収入金額が社会保険
診療報酬と同一の基準により計算されている場合に限
る），予防接種（予防接種法（昭和 23 年法律第 68 号）
第 2 条第 6 項に規定する定期の予防接種等その他厚
生労働大臣が定める予防接種をいう）に係る収入金
額，助産（社会保険診療及び健康増進事業に係るもの
を除く）に係る収入金額（1 の分娩に係る助産に係る
収入金額が 50 万円を超える時は 50 万円を限度とす
る）及び介護保険法の規定による保険給付に係る収入
金額（租税特別措置法第 26 条第 2 項第 4 号に掲げる
保険給付に係る収入金額を除く）の合計額が，全収入
金額の 100 分の 80 を超えること

ハ　自費患者（社会保険診療に係る患者又は労働災害補
　　償保険法に係る患者以外の患者をいう）に対し請求す
　　る金額が，社会保険診療報酬と同一の基準により計算
　　されること

ニ　医療診療（社会保険診療，労働者災害補償保険法に
　　係る診療及び自費患者に係る診療をいう）により収入
　　する金額が，医師，看護師等の給与，医療提供に要す
　　る費用（投薬費を含む）等患者のために直接必要な経
　　費の額に 100 分の 150 を乗じて得た額の範囲内であ
　　ること
　　（医療法施行規則第 30 条の 35 の 3 第 1 項第 2 号に定
　　める要件（この場合において，同号ロの判定にあたっ

ては，介護保険法の規定に基づく保険給付に係る収入
金額を社会保険診療に係る収入に含めて差し支えない
ものとして取り扱う))

4　上記(1)のヌの(ハ)の要件を満たす法人

その医療法人の事業について，次のいずれにも該当する
こと

イ　社会保険診療（租税特別措置法（昭和32年法律第
26号）第26条第2項に規定する社会保険診療をい
う。以下同じ）に係る封入金額（労働者災害補償保険
法（昭和22年法律第50号）に係る患者の診療報酬（当
該診療報酬が社会保険診療と同一の基準によっている
場合又は当該診療報酬が少額又は当該診療報酬が少
額（全収入金額の概ね100分の10以下の場合をいう）
の場合に限る）を含む)，健康増進法（平成14年法律
第103号）第6条各号に掲げる健康増進事業実施者
が行う同法第4条に規定する健康増進事業（健康診査
にかかるものに限る。以下同じ）に係る収入金額（当
該収入金額が社会保険診療報酬と同一の基準により
計算されている場合に限る)，予防接種（予防接種法
（昭和23年法律第68号）第2条第6項に規定する定
期の予防接種等及び医療法施行規則第30条の35の3
第1項第2号ロの規定による保険給付に係る収入金額
（1の分娩に係る助産に係る収入金額が50万円を超え
るときは，50万円を限度とする）並びに介護保険法
（平成9年法律第123号）の規定による保険給付に係
る収入金額（租税措特別措置法第26条第2項第4号
に掲げる保険給付に係る収入金額を除く）の合計額が，
全収入金額の100分の80を超えること。

	ロ　自費患者（社会保険診療に係る患者又は労働者災害補償保険法に係る患者以外の患者をいう）に対し請求する金額が，社会保険診療報酬と同一の基準により計算されること
	ハ　医療診療（社会保険診療，労働者災害処方保険法に係る診療及び自費患者に係る診療をいう）により収入する金額が，医師，看護師等の給与，医療提供に要する費用（投薬費を含む）等患者のために直接必要な経費の額に100分の150を乗じて得た額の範囲内であること （租税特別措置法施行令第39条の25第1項第1号に規定する厚生労働大臣が財務大臣と協議して定める基準（平成15年更正労働省告示第147号）第1号）
⑷法令の遵守等	当該公益法人等の事業の運営につき，法令に違反する事実その他公益に反する事実がないこと

　なお，寄附を受けた学校法人等が次の要件を満たしている場合は，上記③の「所得税又は相続税若しくは贈与税の負担を不当に減少させる結果とならないと認められる」に該当するものとされています（措令25条の17第6項）。

　　i　学校法人等の運営組織が適正であるとともに，その寄附行為等において，その役員等のうち親族等特殊関係者の数がそれぞれの役員等の数のうちに占める割合は，いずれも3分の1以下とする旨の定めがあること

　　ii　学校法人等に財産の寄附をする者，その学校法人等の役員等又はこれらの者の特殊関係者に対し，施設の利用，金銭の貸付け，資産の譲渡，給与の支給や役員等の選任その他財産の運用及び事業の運営に関して特別の利益を与えないこと

　　iii　学校法人等の寄附行為等において，その法人が解散した場合にその残

　余財産が国，地方公共団体又は他の公益法人等に帰属する旨の定めがあること

iv　学校法人等につき公益に反する事実がないこと

v　学校法人等が贈与又は遺贈により，株式の取得をした場合には，当該株式の発行済株式の総数の2分の1を超えないこと

(2)　国税庁長官の承認を受けるための手続

　学校法人等に財産の寄附をした場合に，譲渡所得等の非課税について国税庁長官の承認を受けようとするときは，財産の寄附のあった日から4か月以内に，寄附を行った者の納税地の所轄税務署長を経由して「租税特別措置法第40条の規定による承認申請書」及び必要な添付書類を提出しなければなりません。

　上記の申請書の提出があった場合には，所轄税務署が概要を調査し，国税局，国税庁の審議を経て内容が審査され，提出日から概ね2年～3年程度で承認されます。

(3)　学校法人等特例

　私立大学又は高等専門学校，幼稚園，小学校，中学校，高等学校，特別支援学校，幼保連携型認定こども園等を設置する学校法人等に対して財産の寄附があった場合には，非課税承認要件及び手続に関して特例制度が設けられています。この場合の非課税承認要件は，上記（1）に代えて次に掲げるものとされます（承認特例・措令25条の17第7項）。

A　その学校法人の役員等及びこれらの人の親族等以外の者からの財産の寄附であること

B　財産の寄附を受けた学校法人が，寄附があった日の属する事業年度においてその財産について，基本金に組み入れる方法により管理していること

C　その学校法人の理事会その他これに準ずる機関において，その学校法人が財産の寄附の申出を受けること及びその寄附を受けた財産について基

本金に組み入れることが決定されていること

　上記の要件を満たすことを証する所定の書類を添付した申請書の提出をした場合において，その提出後1か月以内に国税庁長官の承認又は不承認の決定がなかったときは，承認があったものとみなされます（措令25条の17第8項）。なお，令和2年大綱によれば，対象範囲に認定NPO法人又は特例認定NPO法人に対する贈与又は遺贈（以下「贈与等」という）でこれらの法人の役員等及び社員（これらの者の親族等を含む）以外の者からのもののうち，その贈与等に係る財産が一定の手続の下でこれらの法人の行う特定非営利活動に充てるための基金に組み入れられるものを加えるとされています。

　ただし，学校法人への寄附で，寄附財産が株式等である場合には，承認をしないことの決定がなかったときにその承認があったものとみなすまでの期間を「1か月」ではなく「3か月」とします。

⑷　特定買換資産の特例

　財産の寄附について，**3**⑴の一般特例の承認要件を満たすものとして国税庁長官の承認（非課税承認）を受けた後，その寄附を受けた一定の公益法人等（学校法人会計基準に従い会計処理を行う一定の学校法人など）がその寄附財産を譲渡し，買換資産を取得する場合で，一定の要件を満たす場合には，その非課税承認を継続することができます（措法40条5項2号，措令25条の17第3項6号・7号，措規18条の19第2項）。

　この特例の適用要件は以下のとおりです。

① 　非課税承認に係る公益法人等が，一定の公益法人等に該当すること
② 　学校法人の財産基盤又は経営基盤の強化を図るために，学校法人会計基準第30条第1項第1号から第3号までに掲げる金額に相当する金額を基本金に組み入れる方法により管理している寄附財産を譲渡したこと
③ 　譲渡による収入金額の全部に相当する金額をもって買換資産を取得し，これを②の方法で管理すること

④　譲渡の日の前日までに，寄附財産の上記②の管理方法などの一定の事項を記載した届出書及び譲渡財産が上記②で管理されたことを確認できる書類の写しを所轄税務署長に提出すること

届出書が期限まで提出されない場合には，非課税承認の取消事由に該当します。

同特例のイメージは下図のとおりです。

「特定買換資産の特例」のイメージ図

財産（土地、建物、株式など）

寄附

〔一般特例の承認要件〕
① その寄附が公益の増進に著しく寄与すること
② 寄附した財産が、寄附があった日から2年以内に公益目的事業の用に直接供される、又は供される見込みであること
③ その寄附により、寄附をした者の所得税又は寄附をした者の親族等の相続税若しくは贈与税の負担を不当に減少させる結果とならないと認められること

国税庁長官による承認により、譲渡所得等が非課税

一定の公益法人等（注）

原則
寄附財産をそのまま利用し、公益目的事業に利用　→　非課税承認の継続
寄附財産の譲渡　→　非課税承認の取消し

特例
○ 買換特例
公益目的事業の用に2年以上直接供している寄附財産を同種の資産等に買換えをし、公益目的事業に利用　→　非課税承認の継続

創設
○ 特定買換資産の特例
一定の「基金」等で管理し、公益目的事業に利用
基金等内での寄附財産の買換え　→　非課税承認の継続

(注)「一定の公益法人等」とは、国立大学法人等（国立大学法人、大学共同利用機関法人、公立大学法人、独立行政法人国立高等専門学校機構若しくは国立研究開発法人をいいます。）、公益社団法人、公益財団法人、学校法人（学校法人会計基準に従い会計処理を行う一定のものに限ります。）又は社会福祉法人をいいます。

(出典：平成30年4月1日施行「公益法人等に財産を寄附した場合の譲渡所得等の非課税の特例」の税制改正のあらまし一部変更)

なお，令和2年大綱によれば，贈与等に係る財産を公益目的事業の用に直接供した日から2年以内に買い換える場合であっても，当該財産が上記(3)の基金に組み入れる方法により管理されている等の要件を満たすときは，当該財産の譲渡収入の全部に相当する金額をもって取得した資産を当該方法により管理する等の一定の要件の下で非課税措置の継続適用を受けることができるとされています。

４　学校法人等に相続財産を贈与した場合の相続税の非課税の特例

　相続又は遺贈により財産を取得した者がその相続又は遺贈により取得した財産をその相続税の申告書に提出期限までに国若しくは地方公共団体又は公益社団法人若しくは公益財団法人その他の公益を目的とする事業を行う法人のうち，教育若しくは科学の振興，文化の向上，社会福祉への貢献，その他公益の増進に著しく寄与する特定のものに対して贈与した場合には，その贈与によって，その贈与者又はその親族その他これらの者を特別な関係にある者の相続税又は贈与税の負担が不当に減少する結果となると認められる場合を除き，その贈与した財産の価額には相続税を課税しないこととされています（措法70条1項・10項）。

(1)　適用条件

　この制度の適用を受けるためには，次に掲げる要件を満たすことが必要とされています。

　❶　贈与をした財産は，相続又は遺贈により取得した財産であること

　　相続又は遺贈により取得した財産には，相続税法の規定により相続又は遺贈により取得したものとみなされる生命保険金，退職手当金等の財産も含まれますが，相続開始前3年以内に被相続人から贈与により取得した財産で，相続税法の規定によりその価額が相続の課税価格に加算されるもの，並びに相続時精算課税の適用を受ける財産で相続税法の規定により相続税

の課税価格に加算されるもの及び相続又は遺贈により取得したとみなされるものは含みません（措通70-1-5）。

❷　贈与は，相続税の申告書の提出期限までに行われること

ただし，相続税の申告書の提出後において相続財産法人から分与を受けた財産について相続税の修正申告書を提出しなければならない場合には，その申告書の提出期限は，当該事由が生じたことを知った日の翌日から10か月以内（相法31条2項）とされています（措法70条1項）。

また，相続税の申告書の提出期限後において支給額の確定があった退職手当金等（相法3条1項2号）について相続税の期限後申告書又は修正申告書を提出する場合には，その提出のときまでとして取り扱われています（措通70-1-5）。

❸　贈与の相手方は，国，地方公共団体，特定の公益法人又は認定ＮＰＯ法人であること

この特定の公益法人は，租税特別措置法施行令第40条の3に列挙されています。学校法人等については，下記のように規定されています（措令40条の3第4号，措規23条の3）。

私立学校法第3条に規定する学校法人（幼保連携型認定こども園を含む）で，学校の設置若しくは学校及び専修学校（学校教育法124条に規定する専修学校での次の①又は②のいずれかの課程による教育を行うものをいう。以下同じ）の設置を主たる目的とするもの又は私立学校法第64条第4項の規定により設立された法人で専修学校の設置を主たる目的とするもの

①　学校教育法第125条第1項に規定する高等課程でその修業期間（普通科，専攻科その他これらに準ずる区別された課程があり，一の課程に他の課程が継続する場合には，これらの課程の修業期間を通算した期間をいう。次の②において同じ）を通ずる授業時間数が2,000時間以上であるもの

②　学校教育法第125条第1項に規定する専門課程でその修業期間を通ずる授業時間数が1,700時間以上であるもの

(2) 公益の用に供されていない場合等の取扱い

上記制度は，財産の贈与を受けた法人が，その贈与があった日から2年を経過した日までに，特定の公益法人に該当しないこととなった場合，又は贈与により取得した財産が，同日においてなおその公益を目的とする事業の用に供されていない場合には，適用されません（措法70条2項・10項）。この場合には，その2年を経過した日の翌日から4か月以内に相続税の修正申告書を提出しなければならないこととされています（措法70条6項・7項・10項）。

5 財産の贈与等を受けた学校法人に対する課税

(1) 学校法人等への贈与等に対する課税

学校法人等に対して財産の贈与又は遺贈があった場合，その贈与又は遺贈により，「贈与者又は贈与者の親族その他これらの者と特別の関係がある者の相続税又は贈与税の負担が不当に減少する結果となると認められるとき」は，学校法人等を個人とみなして贈与税又は相続税を課税することとされています（相法66条1項，4項）。

これは，財産の贈与者等，その親族その他これらと特別の関係にある者が実質的にはその財産について権限を有している事情があるにも関わらず，相続税又は贈与税を回避しようとすることを防止するためです。

「贈与者又は贈与者の親族その他これらの者と特別の関係がある者の相続税又は贈与税の負担が不当に減少する結果となると認められるとき」については，以下の要件を全て満たした場合には，不当減少に該当しないとされています（相令33条3項）。

【一般社団法人等以外の持分の定めのない法人への贈与等が不当減少に該当しない要件（相令33③）】

---

①　その運営組織が適正であるとともに，その寄附行為，定款又は規則において，その役員等のうち親族関係を有する者及びこれらの次に掲げる特殊の関係がある者（以下，「親族等」という）の数がそれぞれの役員等の数のうちに占める割合は，いずれも3分の1以下とする旨の定めがあること。

　イ　当該親族関係を有する役員等の婚姻の届出をしていないが事実上婚姻関係と同様の事情にある者

　ロ　当該親族関係を有する役員等の使用人及び使用人以外の者で当該役員等から受ける金銭その他の財産によって生計を維持しているもの

　ハ　イ又はロに掲げるものの親族でこれらの者と生計を一にしているもの

　ニ　当該親族関係を有する役員等及びイからハまでに掲げる者のほか，次に掲げる法人の会社役員又は使用人である者

　（1）　当該親族関係を有する役員等が会社役員となっている他の法人

　（2）　当該親族関係を有する役員等及びイからハまでに掲げる者並びにこれらの者と特殊の関係にある法人を判定の基礎にした場合に同族会社に該当する他の法人

②　当該法人に財産の贈与若しくは遺贈をした者，当該法人の設立者，社員若しくは役員等又はこれらの者の親族等（以下，「贈与者等」という）に対し，施設の利用，余裕金の運用，解散した場合における財産の帰属，金銭の貸付，資産の譲渡，給与の支給，役員等の選任その他財産の運用及び事業の運用に関して特別の利益を与えないこと。

③　その寄附行為，定款又は規則において，当該法人が解散した場合にその残余資産が国若しくは地方公共団体又は公益社団法人若しくは公益財団法人その他の公益を目的とする事業を行う法人（持分の定めのないものに限る）に帰属する旨の定めがあること。

④　当該法人につき法令に違反する事実，その帳簿書類に取引の全部又は一部を隠蔽し，又は仮装して記録又は記載をしている事実その他公益に反する事実がないこと。

(2)　法人税と相続税又は贈与税の調整

　学校法人等を個人とみなして贈与税又は相続税を課税した場合，その結果，法人税と相続税又は贈与税が二重に生じることがあり，その場合は，相続税又は贈与税から法人税等の額を控除します（相法66条5項）。

　控除される法人税等の額の計算ですが，下記Cを所得とみなして計算した法人税，事業税，地方法人税，住民税法人税割の合計額となります（相令33条1項，2項）。

C＝A－B
A：贈与等を受けた財産価額（法人の所得の計算上「益金」として処理）
B：翌期控除事業税相当額（Aに対する事業税所得割）

(3)　贈与者が特別の利益を得ている場合

　学校法人等に対して財産の贈与又は遺贈をした者（贈与者等）又はその親族等が，当該法人から特別の利益を得ているような場合には，贈与者等から特別の利益相当額が贈与又は遺贈されたものとみなして特別の利益を受ける者に贈与税又は相続税が課税されます。ただし，学校法人等を個人とみなして贈与税又は相続税を課税した場合，この限りではありません（相法65条1項）。

2　法人からの寄附

　法人が支出した寄附金のうち一定限度額を超える部分の金額は，法人税の所得の計算上損金の額に算入されないこととされています（法法37条1項）が，

国又は地方公共団体に対する寄附金や財務大臣が指定した寄附金（指定寄附金）については，損金算入の特例（法法37条3項）が，特定公益増進法人等に対する寄附金については，損金算入限度額の特例（法法37条4項）がそれぞれ認められています。

1　一般の寄附金の損金算入限度額

国等に対する寄附金，指定寄附金，特定公益増進法人に対する寄附金又は認定NPO法人に対する寄附金に該当しない寄附金については，「損金算入限度額」以内の金額に限り，損金の額に算入されます（法法37条1項）。「損金算入限度額」は，法人の種類に応じ，それぞれ次により計算すること

① 普通法人，協同組合等及び人格のない社団等（これらの法人で資本又は出資の金額を有しないものを除く）

$$\text{資本基準額} = \text{期末の資本金等の額} \times \frac{\text{事業年度の月数}}{12} \times \frac{2.5}{1,000}$$

$$\text{所得基準額} = \text{各事業年度の所得金額} \times \frac{2.5}{100}$$

$$(\text{資本基準額} + \text{所得基準額}) \times \frac{1}{4} = \text{損金算入限度額}$$

② 普通法人，協同組合等及び人格のない社団等のうち資本又は出資を有しないもの，一般社団法人及び一般財団法人，認可地縁団体，管理組合法人及び団地管理組合法人，法人である政党等，防災街区整備事業組合，ＮＰＯ法人（認定ＮＰＯ法人を除く）及びマンション建替組合

$$\text{所得基準額} = \text{各事業年度の所得金額} \times \frac{1.25}{100}$$

167

③ 公益法人等（上記②に該当するものを除く）

    A　学校法人（準学校法人で専修学校を設置しているものを含む），社会福祉法人，更生保護法人，社会医療法人，認定ＮＰＯ法人

$$\left.\begin{array}{l}\text{各事業年度の所得金額} \times \dfrac{50}{100} \\[3mm] \text{年200万円} \times \dfrac{\text{事業年度の月数}}{12}\end{array}\right\} \text{いずれか大きい金額} = \text{損金参入限度額}$$

    B　公益社団法人又は公益財団法人

$$\text{各事業年度の所得金額} \times \frac{50}{100} = \text{損金算入限度額}$$

    C　一般の公益法人等（Ａ又はＢに掲げる法人以外の公益法人等をいう）

$$\text{各事業年度の所得金額} \times \frac{20}{100} = \text{損金算入限度額}$$

❷　指定寄附金等の損金算入の特例

　法人（会社等）が支出した寄附金のうちに国又は地方公共団体に対する寄附金及び財務大臣が指定した寄附金（「指定寄附金」という）がある場合には，これらの寄附金の額の合計額は，損金算入限度額にかかわらず，その全額が損金に算入されます（法法37条3項）。

❸　特定公益増進法等に対する寄附金の損金算入限度額の特例

　法人（会社等）が支出した寄附金のうちに特定公益増進法人に対する寄附金（特定公益増進法人の主たる目的である業務に関連する寄附金に限る）がある場合には，これらの寄附金については，一般の寄附金の損金算入限度額とは別枠で，下記の損金算入限度額の範囲内で損金の額に算入することができます（法法37条4項，法令77条の2）。

$$資本基準額＝期末の資本金等の額 \times \frac{事業年度の月数}{12} \times \frac{3.75}{1,000}$$

$$所得基準額＝各事業年度の所得金額 \times \frac{6.25}{100}$$

$$（資本基準額＋所得基準額）\times \frac{1}{2} ＝ 損金算入限度額$$

　なお，学校法人等については，その性格上寄附を行う法人ではないので特定公益増進法人に対して寄附金を支出しても上記の特例の適用はありません。

　特定公益増進法人とは，公益法人等のうち，教育又は科学の振興，文化の向上，社会福祉への貢献その他公益の増進に著しく寄与するものとして，法人税法施行令第77条で定められています。1個人からの寄附❶(2)において述べた特定公益増進法人の範囲と一致し，前述のように，学校法人等がこれに該当します。

❹　日本私立学校振興・共済事業団が扱う受配者指定寄附金

　日本私立学校振興・共済事業団では，私立学校の教育研究の発展を目的として，受配者指定寄附金の業務を行っています。同事業団では寄附者から寄附金を受入れ，これを寄附者が指定した学校法人に配布します。

　この受配者寄附金は，昭和40年大蔵省（現財務省）告示第154号（包括指定の指定寄附金）において，指定寄附金として財務大臣の指定を受けています。

【昭和 40 年大蔵省告示第 154 号第 2 号の 2】

> 日本私立学校振興・共済事業団に対して支出された寄附金で，学校法人が設置する学校もしくは専修学校の教育に必要な費用もしくは基金（専修学校にあっては，高等課程または専門課程の教育の用に供されるものに限る）に充てられるものの全額

　平成 16 年度より学校法人が寄附の募集前に対象事業を特定する必要がなくなり，また，寄附の募集期間を限定せず，寄附者から直接同事業団に対し入金することが可能になったため，寄附者は何時でも寄附金の申し出ができるようになりました。

　寄附者が法人である場合には，その法人の所得の金額の計算上，この寄附金の全額を損金に算入することができます。また，寄附者が個人である場合には，課税所得金額の 40％を限度として寄附金控除（所得控除）を受けることができます。寄附者が個人である場合には，学校法人（特定公益増進法人）に直接寄附した場合と同じ措置になりますので，原則として取り扱わないものとされています。

▶ 学校法人等に対する寄附金に係る税制

【個人の行う寄附金】

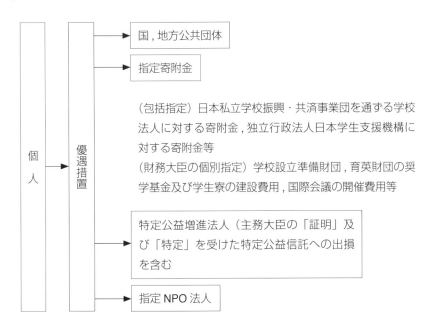

個人　→　優遇措置

- → 国，地方公共団体
- → 指定寄附金

（包括指定）日本私立学校振興・共済事業団を通ずる学校法人に対する寄附金，独立行政法人日本学生支援機構に対する寄附金等
（財務大臣の個別指定）学校設立準備財団，育英財団の奨学基金及び学生寮の建設費用，国際会議の開催費用等

- → 特定公益増進法人（主務大臣の「証明」及び「特定」を受けた特定公益信託への出損を含む
- → 指定 NPO 法人

【法人の行う寄附金】

		寄附金の種類	損金算入の取扱い
企業	一般の寄附	一般の寄附 （主務大臣の「証明」だけしか受けていない特定公益信託への主捐も同じ）	損金算入限度額まで損金に算入できる。 【損金算入限度額】 ① 普通法人等 $=（資本金×\frac{2.5}{1000}+所得×\frac{2.5}{100}）×\frac{1}{4}$ ② 地縁による団体，管理組合法人，政党等 $=（所得×\frac{1.25}{100}）$ ③ 私立学校法第3条に規定する学校法人，同法第64条4項に規定する法人で学校教育法第124条に規定する専修学校を設置しているもの，社会福祉法人，更生保護法人，社会医療法人 $=（所得×\frac{50}{100}）$と年200万円のいずれか多い金額 ④ 公益社団法人又は公益財団法人 $=所得×\frac{50}{100}$ ⑤ ③又は④以外の公益法人等 $=所得×\frac{20}{100}$
	優遇措置	特定公益増進法人に対する寄附 （主務大臣の「証明」及び「認定」を受けた特定公益信託への出捐を含む）	下記の損益算入限度額まで別枠で損金に算入できる（学校法人など公益法人等が寄附を行ったときは適用なし）。 ただし，損金算入限度額の計算は「特定公益増進法人への寄附」と「認定NPO法人への寄附」を合わせて行うものとする。 $（資本金×\frac{3.75}{1000}+所得×\frac{6.25}{100}）×\frac{1}{2}$
		認定NPO法人に対する寄附	
		国，地方公共団体に対する寄附	金額が損金に算入できる。
		指定寄附金 （包括指定及び個別指定）	金額が損金に算入できる。

5　公益法人等が行う特定公益法人等への寄附金

　公益法人等（非営利型法人を除く）及び認定NPO法人が特定公益増進法人等に寄附をする場合は，一般の寄附金とされています（法法37条4項ただし書）。同法人は一般寄附金の損金算入限度額が普通法人に比べて大きいため，別枠で損金算入限度額を認める必要性が低いためと考えられます。

　同法人が支出する一般寄附金の損金算入限度額は次の表のとおりです（法令73条1項3号，73条の2第1項，法規22条の5）。

▶ 公益法人等及び認定ＮＰＯ法人が行う寄附の損金算入限度額

寄附者 ＼ 寄附の種類		国等への寄附金・指定寄附金	一般寄附金（注1）
公益法人等（注2）	学校法人，社会福祉法人，更正保護法人，社会医療法人，認定NPO法人	全額	次の①②のうち大きい金額 ①所得金額×50% ②200万円×$\dfrac{月数}{12}$
	公益社団・財団法人		みなし寄附金がない場合 所得金額×50%
			みなし寄附金がある場合 次の①②のうち大きい金額 ①所得金額×50% ②公益法人特別限度額（支出額を限度とする）
	その他公益法人等		所得金額×20%

（注1）特定公益増進法人・認定ＮＰＯ法人への寄附金を含みます。

（注2）非営利型法人及び非営利型法人以外の一般社団・財団法人は含みません。

第6章
その他の税金

1　登録免許税

　学校法人（私立学校法64条4項の規定により設置された法人を含む）について，次のものが非課税とされています（登免法4条2項，別表第三）。

① 　校舎,寄宿舎,図書館その他保育又は教育上直接必要な附属建物（以下「校舎等」という）の所有権（賃借権を含む。以下同じ）の取得登記（権利の保存，設定，転貸又は移転の登記をいう。以下同じ）

② 　校舎等の敷地，運動場，実習用地その他の直接に保育又は教育の用に供する土地の権利（土地の所有権及び土地の上に存する権利をいう）の取得登記

　非課税の取扱いを受けるためには，その登記等が①又は②に該当するものであることについて，学校法人の所轄庁が証明した書類を添付することが必要とされます。

　このほか，学校法人，公益社団法人又は公益財団法人が設置する保育所及び社会福祉法人が運営する幼稚園，宗教法人が設置運営する幼稚園，保育所にかかる上記①又は②の登記についても同様に非課税とされています。

　なお，学校法人，公益社団法人及び公益財団法人，社会福祉法人又は宗教法人が受ける認定こども園の用に供する建物の所有権の取得登記又はその建物が敷地その他直接に保育若しくは教育の用に供する土地の権利の取得登記について非課税とされています。

175

2　不動産取得税

　学校法人等が行う下記の不動産の取得については非課税とされています（地法73条の4）。

① 　学校法人又は私立学校法第64条4項の法人(以下「学校法人等」をいう)が，その設置する学校において直接保育又は教育の用に供する不動産

② 　学校法人等がその設置する寄宿舎で学校法人法第1条の学校又は同法第124条の専修学校に係るものにおいて直接その用に供する不動産

③ 　学校法人，社会福祉法人その他政令で定める者が就学前の子どもに関する教育，保育等の総合的な提供の推進に関する法律第2条第6項に規定する認定こども園の用に供する不動産

　非課税の適用を受けようとする場合は，各都道府県に対し不動産取得税非課税申告書を提出する必要があります。

　そのほか，下記のものが非課税とされています。

ア　宗教法人が専らその本来の用に供する境内建物及び境内地

イ　公益社団法人若しくは公益財団法人，宗教法人又は社会福祉法人がその設置する幼稚園において直接保育の用に供する不動産

　　なお，認定こども園の用に供する不動産を取得した場合の不動産取得税も非課税とされています。

ウ　公的医療機関の開設者，特定医療法人等がその設置する看護師，准看護師，歯科衛生士等の医療関係者の養成所において直接教育の用に供する不動産

エ　公益社団法人又は公益財団法人で認定職業訓練を行うことを目的とするもの又は職業訓練法人等がその職業訓練施設において直接職業訓練の用に供する不動産

オ　公益社団法人若しくは公益財団法人又は宗教法人がその設置する博物館

において直接その用に供する不動産他

3　固定資産税・都市計画税

　学校法人等が所有する下記の固定資産については非課税とされています（地法348条2項）。

① 　学校法人又は私立学校法第64条4項の法人（以下「学校法人等」という）が，その設置する学校において直接保育又は教育の用に供する固定資産

② 　学校法人等がその設置する寄宿舎で学校教育法第1条の学校又は同法第124条の専修学校に係るものにおいて直接その用に供する固定資産

③ 　学校法人，社会福祉法人その他政令で定める者が就学前の子どもに関する教育，保育等の総合的な提供の推進に関する法律第2条第6項に規定する認定こども園の用に供する固定資産

　非課税の適用を受けようとする場合は，賦課期日（毎年1月1日現在）で教育の用に供していること，各自治体に対して固定資産税非課税申告書（名称は自治体によって異なる）を提出する必要があります。課税対象になるかどうか判断に迷う場合には，事前に各自治体に問い合わせをする方が望ましいと考えます。

　なお，過去の判例等の解釈から「直接保育又は教育の用に供する」とは「教育の履修その他学校教育の目的とする教育活動が実施されることを常態とすること」をいい，単に所定の届出等がされているかによってではなく，使用の実態に基づいて判断するのが相当とされています。

　そのほか，参考までに下記のもの等が非課税とされています。

ア　宗教法人が専らその本来の用に供する境内建物及び境内地

イ　公益社団法人若しくは公益財団法人，宗教法人又は社会福祉法人がその設置する幼稚園において直接保育の用に供する固定資産

ウ　公的医療機関の開設者，特定医療法人等がその設置する看護師，准看護師，歯科衛生士等の医療関係者の養成所において直接教育の用に供する固定資産

エ　公益社団法人又は公益財団法人がその設置する図書館において直接その用に供する固定資産

オ　公益社団法人若しくは公益財団法人又は宗教法人がその設置する博物館において直接その用に供する固定資産

カ　公益社団法人又は公益財団法人で学生又は生徒の修学を援助することを目的とするものが設置する一定の寄宿舎において直接その用に供する家屋他

4　印紙税

　印紙税とは，不動産や物品又は有価証券の譲渡契約書，約束手形，賃貸借契約書，金銭又は有価証券の受取書等を作成，交付するにあたって課税される税金です。領収書のことを，印紙税法では「受取書」としています。

　印紙税が課税される文書は，印紙税法別表第一の一から二十まで掲げられており，納税義務者，非課税文書，課税標準又は税率なども同表に定められています。

　学校法人は印紙税法上に定められている非課税法人には該当しませんので，印紙税法別表第一の課税物件に係る文書については印紙税が課されることに留意してください。

　ただし，金銭の受取書で「記載受取金額が5万円未満のもの」，「営業に関しないもの」は非課税です。

1　学校法人が作成する金銭の領収書

　一般に学校法人は営業を目的としないため，「営業に関しない受取書」に該当し，印紙税は課されません（印法別表第一第17号文書の非課税物件欄2）。

　収益事業に関して作成する領収書についても，「営業に関しない受取書」に該当します（印基通第17号文書22公益法人が作成する受取書）。印紙税法では，株式会社等の会社以外の法人のうち，法令の規定又は定款の定めにより利益金又は剰余金の配当又は分配を行うことができないものは営業者に該当しないこととされており，学校法人はそれに該当します。

2　授業料納入袋

　私立学校法第2条に規定する私立学校又は各種学校若しくは学習塾がその学年，児童又は幼児から授業料等を徴するために作成する授業料納入袋，月謝袋等又は学生証，身分証明書等で，授業料等を納入の都度その事実を裏面等に連続して付け込み証明するものは課税しないことに取り扱うとされています（印基通第19号文書6）。

　これは，仮に公立学校の作成するものであれば，地方公共団体が作成者であることから非課税となり，課税文書に該当しないこととの均衡上から同取扱いとされました。

5　学校用地等の取得と収用等の課税の特例

　学校法人が，学校用地の取得に際して，土地等を収用し，又は買い取る場合において，所定の要件を満たす場合には，その土地等の所有者は，収用等の課税の特例の適用を受けることができます。

❶ 土地収用制度

　道路，河川，空港，学校，公園などの公共事業のために土地を必要とする場合において，土地収用法の手続をとることにより，土地所有者や関係人に適正な補償をした上で，土地を取得（収用）することができます。

　土地収用制度によって公共事業に必要な土地を取得するためには，土地収用法の規定に基づいて，国土交通大臣又は都道府県知事の事業認定を受けることが必要とされています。その後，収用委員会の決裁により補償金の額等が決められ，土地を取得することができることになります。

　土地収用制度の対象となる事業は，土地収用法第3条に定められています。学校法人については，「学校教育法第1条に規定する学校又はこれに準ずるその他の教育若しくは学術研究のための施設に関する事業（土地収用法3条21号）」が掲げられており，学校用地の取得のために，土地収用制度の適用を受けることができるとされています。

❷ 収用等の課税の特例

　公共事業の用に供するため，資産を収用等された者に対しては，資産の譲渡が公益の要請により，所有者の意思に関係なく行われるということに着目して，その資産の譲渡による所得についての税の負担を軽減することを内容とする課税の特例制度が設けられています。

(1) 代替資産を取得した場合等の課税の特例等

　収用等された資産の対価補償金等で代替資産を取得した場合には，その代替資産の取得に要した費用に相当する金額についての譲渡所得の課税を繰り延べることができます（措法33条）。

　また，資産が収用等された場合に対価補償金に代えて収用等された資産と同種の他の資産を取得したときは，収用等された資産の譲渡がなかったものとし

て譲渡所得の課税を繰り延べることができます（措法33条の2）。

(2)　譲渡所得等の特別控除

　資産が収用等された場合に，上記(1)の特例を受けないときは，収用等された資産の譲渡所得の金額から最高5,000万円までの特別控除を差し引くことができます（措法33条の4）。この特別控除制度については，買取り等の申出があった日から6か月を経過した日までに収用等が行われることが要件とされています。

　なお，これらの特例は所得税の特例ですが，法人税についても，同様の特例があります（措法64条，64条の2，65条，65条の2）。

3　学校法人の土地等の買取りと特例の適用

　土地収用法第3条に掲げる事業のための土地等の買取りに係る収用等の課税の特例の適用については，その事業について土地収用法の事業認定を受けているものだけに限りません。土地収用法第3条に掲げる施設のうち，その施行場所や区域が制約されるもの及びその事業の公益性が極めて高く，その事業の早急な施行を必要とする特定のものについては，租税特別措置法施行規則第14条第5項第3号イに掲げるいわゆる特掲事業として，土地収用法の規定による事業認定がなくても，収用等の課税の特例の適用を受けることができます。

　学校法人については，特掲事業として，土地収用法第3条第21号のうち「私立学校法第3条に規定する学校法人の設置に係る幼稚園及び高等学校の施設に関する事業」が挙げられています。幼稚園及び高等学校は，私立学校への依存度が高く，その公益性が極めて高いとされていることにより収用委員会の承認（市区町村）は不要で，その高校，幼稚園はそのまま土地収用権者になります。他方，小，中学校は，義務教育であり，設置主体として私立学校を想定しておらず，また，大学，短大は土地取得の目的が多様であるため，特掲事業に該当せず，収用等の課税の特例の適用を受けるためには土地収用法の事業認定を受

けることが必要です。

4 税務署との事前協議

　学校法人が土地収用法の規定による事業認定を受けた場合（大学等の場合），又は上記特掲事業に該当する土地の買取りを行う場合（私立幼稚園又は私立高等学校）において，その土地等の所有者について収用等の課税の特例の適用を受けようとするときは，土地売買契約を締結する以前（業務上１か月以上前）に，買取り等を予定している資産の所在地を所轄する税務署との間で事前協議を行い，その後，税務署長の確認を得てから，契約等を行うことが必要となります。なお，前述の譲渡所得等の特別控除の特例については，買取り等の申し出があった日から６か月以内の譲渡等に限られていますので注意が必要です。

▶ 事前協議から収用証明書発行まで

　学校法人等についての諸税制の取扱いは，前述の法人税等も含めて，概ね下記のとおりとされています。

▶【参考】学校法人等に対する諸税制の取扱い

【国　税】

科目	区分	課税	根拠条文
法人税	非営利事業	法人税を課さない	
	収益事業	税率 $\frac{19}{100}$ （平成24年4月1日から令和3年3月31日までの間に終了する事業年度については，年800万円以下 $\frac{15}{100}$ ） 収益事業に属する資産のうちから，その収益事業以外の事業のために支出した金額は寄附金とみなす。 ＜学校法人等の寄附金の損金算入限度額＞ （所得金額× $\frac{50}{100}$ 又は200万円のうち大きい方の金額＝寄附金の損金算入額）	法法4① 別表第2公益法人等の表 法法66③，措法42の3の2，法法37⑤ ただし，その一方において追加元入れとして経理する等，実質的には支出がない場合には適用がない（法基通15-2-4）。 法令73①三 各種学校のみを設置する法人については，所得金額× $\frac{20}{100}$
所得税	別表第1（公共法人等の表）第1号に掲げる内国法人が支払いを受ける利子等，配当等，利益の分配等	所得税を課さない。普通法人は，原則として利子15.315%，配当20.42%の源泉徴収が課される。	所法11① 別表第1公益法人等の表
相続税	公益法人等が遺贈により取得した財産	相続税を課されるのは，相続又は遺贈により財産を取	相法1,1の3

		得した個人に限られる。	
贈与税	公益法人等が贈与により取得した財産	贈与税を課されるのは，贈与により財産を取得した個人に限られる。	相法 1,1 の 3
登録免許税	1. 学校法人（準学校法人を含む） (1) 校舎，寄宿舎，図書館その他保育又は教育上直接必要な附属建物（以下「校舎等」という）の所有権の取得登記 (2) 校舎等の敷地，運動場，実習用地その他の直接に保育又は教育の用に供する土地の権利の取得登記 (3) 自己の設置運営する保育所の用に供する建物の所有権の取得登記又はその建物の敷地その他の直接に保育の用に供する土地の権利の取得登記 2. 宗教法人 (1) 専ら自己又はその包括する宗教法人の宗教の用に供する宗教法人法第3条（境内建物及び境内地の定義）に規定する境内建物の所有権の取得登記又は同条に規定する境内地の権利の取得登記 (2) 自己の設置運営する学校（学校教育法第1条（学	登録免許税を課さない。 （注）財務省令（施行規則第2条）に定める書類の添付があることを要件とする。	登免法 4 ② 別表第 3 非課税の登記等の表

校の範囲）に規定する幼
稚園に限る）の校舎等の
所有権の取得登記又は当
該校舎等の敷地, 当該学校
の運動場, 実習用地その他
直接に保育, 若しくは教育
の用に供する土地の権利
の取得登記

(3)　自己の設置運営する保
育所の用に供する建物の
所有権の取得登記又はそ
の建物の敷地その他の直
接に保育の用に供する土
地の権利の取得登記

3. 公益社団法人及び公益財
団法人

(1)　自己の設置運営する学
校の校舎等の所有権の取
得登記又は当該校舎等の
敷地, 当該学校の運動場,
実習用地その他直接に保
育, 若しくは教育の用に供
する土地の権利の取得登
記

4. 更生保護法人
更生保護事業法第2条第
1項に規定する更生保護事業
の用に供する建物の所有権
の取得登記又は当該事業の
用に供する土地の権利の取
得登記

5. 社会福祉法人

(1)　社会福祉法第2条第1

	項に規定する社会福祉事業の用に供する建物の所有権の取得登記又は当該事業の用に供する土地の権利の取得登記 (2) 自己の設置運営する学校（学校教育法第1条（学校の範囲）に規定する幼稚園に限る。）の校舎等の所有権の取得登記又は当該校舎等の敷地，当該学校の運動場，実習用地その他の直接に保育若しくは教育の用に供する土地の権利の取得登記		
印紙税	公益法人（学校法人等）が作成する受取書	公益法人が作成する受取書は，収益事業に関して作成するものであっても，営業に関しないものとして取り扱われ，印紙税は課税されない。	印法2,5 別表第1課税物件表17
消費税	国内において事業者が事業として対価を得て行う資産の譲渡，資産の貸付け，役務の提供（資産の譲渡等）	非課税取引 1. 性格上の非課税取引 ① 土地の譲渡，貸付け ② 社債，株式等の譲渡，支払手段の譲渡など ③ 利子，保証料，保険料など ④ 郵便切手，印紙などの譲渡 ⑤ 商品券，プリペイドカードなどの譲渡	消法4① 消法6① 別表第1

⑥　住民票，戸籍抄本等の行政手数料など

⑦　国際郵便為替，外国為替など

2.　政策的配慮に基づく非課税取引

①　社会保健医療など

②　社会福祉事業，更生保護事業に係る収入

③　一定の学校の授業料，入学検定料，入学金，施設設備費，学籍証明等手数料（学校教育法第1条校，専修学校，各種学校のうち「1年以上の就業年限で所定の要件を満たすもの」）

④　教科用図書の譲渡

⑤　助産

⑥　火葬，埋葬

⑦　一定の身体障害者用物品の譲渡等

⑧　住宅の貸付け

⑨　介護保険法の規定に基づく居宅サービス，施設サービス等

⑴　個別対応方式
⑵　一括比例分配方式
（仕入れ税額控除についての特例）

税額計算（原則）	別表第3に掲げる公共法	消法28
消費税（国税）	人，公益法人等について，	消法29

区分	課税	根拠条文
課税売上高× 7.8% （標準税率） 課税仕入れにかかる消費税のうち課税売上げに対応する部分 地方消費税 消費税額× $\frac{22}{78}$ （標準税率） 軽減税率は省略	資産の譲渡等の対価以外の収入（「特定収入」）が 5%を超える場合には，特定収入により賄われる課税仕入れ等の消費税額については，仕入控除税額から除外する調整計算が必要となる。	消法 30 消令 48 消法 60 ④ 消令 75
（簡易課税制度） 基準期間（前々事業年度）の課税売上高（税抜き）が5,000万円以下である課税期間について届出書を提出した場合には，税額は下記によることができる。 課税売上高× 6.3% × （1－みなし仕入率）	課税売上に係る原価率を第一種（卸売業）90%，第二種(小売業)80%,第三種(製造業)70%,第四種（飲食店業)60%,第五種(金融·保険·サービス業)50%,第六種(不動産業)40%とみなす（「みなし仕入率」）。	消法 37 消令 57
（事業者免税点制度） 前々事業年度の課税売上高が 1,000万円以下の事業者		消法 9

【地 方 税】

税目		区分	課税	根拠条文
法人住民税	都道府県民税	収益事業を行わない場合	法人税割 　非課税 均等割 ① 学校法人，私立学校法第64条第4項の法人（専修学校又は各種学校），社会福祉法人，更生保護法人，宗教法人，公益社団法人又は公益財団法人で	地法 25 ①二 地法 52

		博物館を設置することを主たる目的とするもの又は学術の研究を目的とするもの……非課税 ② 上記①以外の公益法人等・標準税率 ……年額 20,000 円	
	収益事業を行う場合	法人税割 　標準税率 $\frac{1}{100}$ （制限税率 $\frac{2}{100}$） 均等割 　標準税率　年額 20,000 円 （注）学校法人，私立学校法第64条第4項の法人（専修学校又は各種学校），社会福祉法人，更生保護法人が行う事業でその所得の90%以上の金額を非営利事業の経営に充てているものについては，法人税割，均等割とも非課税（赤字の場合も含む，以下同じ）。	地法 25 ①二 地法 51 地法 52 地令 7 の 4
市町村民税	収益事業を行わない場合	法人税割 　非課税 均等割 ① 学校法人，私立学校法第64条第4項の法人（専修学校又は各種学校），社会福祉法人，更生保護法人，宗教法人，公益社団法人又は公益財団法人で	地法 296 ①二 地法 312 地法 314 の 4 地令 47

		博物館を設置することを主たる目的とするもの又は学術の研究を目的とするもの……非課税 ② 上記①以外の公益法人等・標準税率 ……年額 50,000 円	
	収益事業を行う場合	法人税割 　標準税率 $\frac{6}{100}$ （制限税率 $\frac{8.4}{100}$） 均等割 　標準税率　年額 50,000 円 （注）学校法人，私立学校法第 64 条第 4 項の法人（専修学校又は各種学校），社会福祉法人，更生保護法人が行う事業でその所得の 90% 以上の金額を非営利事業の経営に充てているものについては，法人税割，均等割とも非課税。	地法 296 ①二 地法 312 地法 314 の 4 地令 47
都民税（特別区）	収益事業を行わない場合	法人税割 　非課税 均等割 ① 学校法人，私立学校法第 64 条第 4 項の法人（専修学校又は各種学校），社会福祉法人，更生保護法人，宗教法人，公益社団法人又は公益財団法人で博物館を設置することを主たる目的とするもの又	地法 734 地令 57 の 2

		は学術の研究を目的とするもの……非課税 ② 上記①以外の公益法人等・標準税率 ……年額 70,000 円	
	収益事業を行う場合	法人税割 標準税率 $\frac{7}{100}$ （制限税率 $\frac{10.4}{100}$ ） 均等割 標準税率　年額 70,000 円 （注）学校法人，私立学校法第64条第4項の法人（専修学校又は各種学校），社会福祉法人，更生保護法人が行う事業でその所得の90%以上の金額を非営利事業の経営に充てているものについては，法人税割，均等割とも非課税。	地法 734 地令 57 の 2
法人事業税	収益事業を行わない場合	法人事業税を課さない。	地法 72 の 5 ①二 地令 15 地法 72 の 2 ①一ロ 地法 72 の 24 の 7 地方法人特別税等に関する暫定措置法 2

	収益事業を行う場合	所得金額に課税 標準税率 年400万円以下 $\frac{3.5}{100}$ 年400万円超800万円以下 $\frac{5.3}{100}$ 年800万円超 $\frac{7}{100}$	
地方 法人 特別税	基準法人所得割額（標準税率により計算した事業税額）がある場合	基準法人所得割額× $\frac{43.2}{100}$	地方法人特別税等に関する暫定措置法5,6,8,9（令和元年9月30日までに開始する事業年度をもって廃止）
特別 法人 事業税	法人事業税（所得割・収入割）の納税義務がある場合	基準法人所得割額×税率 外形標準課税法人・特別法人以外…37% 外形標準課税法人…260% 特別法人…34.5%	特別法人事業税及び特別法人事業譲与税に関する法律（平成31年法律第4号）
地方 法人税	課税標準法人税額がある場合	課税標準法人税額× $\frac{10.3}{100}$ 国税であることに注意。	地方法人税法10
不動産 取得税 固定資産税 都市計画税	公益法人等が下記の不動産をそれぞれ下記に掲げる不動産として使用するために取得した場合 (1) 宗教法人 　専らその本来の用に供する境内建物及び境内地	不動産取得税，固定資産税，都市計画税を課さない。	地法73の4①． 地法348② 地法702の2②

	(2) 学校法人及び準学校法人 ① 直接保育又は教育用に供する不動産 ② 設置する寄宿舎の用に供する不動産 (3) 公益社団法人又は公益財団法人，宗教法人，社会福祉法人 　　設置する幼稚園において直接保育の用に供する不動産 (4) 公的医療機関の開設者，特定医療法人等 　　設置する看護師，准看護師，歯科衛生士等の医療関係者の養成所において直接教育の用に供する不動産 (5) 公益社団法人又は公益財団法人 　　設置する図書館で直接その用に供する不動産 (6) 公益社団法人又は公益財団法人，宗教法人 　　設置する博物館で直接その用に供する不動産		
事業所税	(1) 法人税法第2条第6号の公益法人（学校法人等）が事業所等で行う事業のうち，収益事業以外の事業に対するもの	左記(1)は事業所税を課さない。 （収益事業部分の課税） (1) 資産割……床面積1,000㎡超について,1㎡当り600円	地法701の34② 地令56の22 地法701の42 地法701の41

(2)　個人立各種学校等については課税標準の2分の1控除	(2)　従業者割……100人超について，給与総額の0.25%

(注)　平成14年，齋藤力夫編著「私学事務ハンドブック」（霞出版社）より引用した表を改訂

第7章
子ども・子育て支援新制度

1 子ども・子育て支援新制度の概要

　ここでは，既に第6章以前に部分的に取り扱っている子ども・子育て支援制度について，改めて概要をまとめておきます。

　新制度では，

①　認定こども園，幼稚園，保育所を通じた共通の給付（施設型給付。委託費を含む）

②　小規模保育事業等への給付（地域型保育給付）が創設

③　地域の実情に応じた子ども・子育て支援（「地域子ども・子育て支援事業」）の充実が図られました。

　市町村が実施主体であり，市町村は地域のニーズに基づき計画を策定，給付・事業を実施し，国・都道府県は実施主体の市町村を重層的に支える仕組みになっています。この後，国主体の「仕事・子育て両立支援事業」が加わりました。

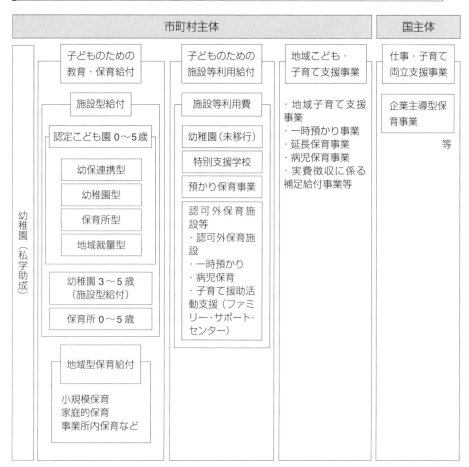

なお，「子育てのための施設等利用給付」とは，大雑把にいえば，従来の「子ども・子育て支援新制度」でカバーできない施設に通う子どもについても無償化の恩恵を及ぼすために新たに作られた制度と考えられます。

1 幼稚園及び保育所の選択肢

　新制度に対して幼稚園は，①従来どおり私学助成を継続する（新制度未移行園），②幼稚園のまま新制度へ移行し，施設型給付（運営費補助金に相当）を受ける新制度移行園，③認定こども園（幼保連携型認定こども園又は幼稚園型認定こども園）へ移行といった選択肢があります。認定こども園への移行は，園の経営状況や自治体（県や市町村）の意向が大きいため，全国的に見ると島根県・宮崎県などは大きく移行が進んでいるものの，主に東京・千葉・埼玉などの首都圏では移行が進んでいないという傾向が見られます。一方，保育所に関しては，保育所型認定こども園や幼保連携型認定こども園への移行はさほど進んでいません。

　参考までに，上記②③の施設型給付施設で行われる事業は全体として消費税が非課税となりますが（消令14条の3第6項），従来どおりの①の幼稚園で行われる事業は，非課税の対象となる取引が定められており，「授業料，入学金及び入園料，施設設備費，入学又は入園のための試験に係る検定料，在学証明，成績証明その他学生，生徒，児童又は幼児の記録に係る証明に係る手数料及びこれに類する手数料」が非課税となります（消別表1十一イ，消令14条の5）。

　施設型給付等の支援を受ける子どもの認定区分及び幼稚園，保育所，認定こども園の主な相違点は以下のとおりです。

> **子どものための教育・保育給付（現行）…施設型給付費，地域型保育給付費等の支給**

認定区分	保育必要量	給付を受ける施設・事業
1号認定子ども 満3歳以上の小学校就学前の子どもであって，2号認定子ども以外のもの（子ども・子育て支援法19条1項1号）	教育標準時間 教育標準時間外の利用については，一時預かり事業（幼稚園型）等の対象。	幼稚園 認定こども園
2号認定子ども 満3歳以上の小学校就学前の子どもであって，保護者の労働又は疾病その他の内閣府令で定める事由により家庭において必要な保育を受けることが困難であるもの子ども・子育て支援法19条1項2号）	保育所 認定こども園保育短時間 保育標準時間	幼稚園 認定こども園
3号認定こども 満3歳未満の小学校就学前の子どもであって，保護者の労働又は疾病その他の内閣府令で定める事由により家庭において必要な保育を受けることが困難であるもの子ども・子育て支援法19条1項3号）	保育所 認定こども園 小規模保育等	保育短時間 保育標準時間

（注）・保育標準時間…最大利用可能時間1日11時間

（認定の要件）保護者が概ね1か月120時間程度以上の就労をしている場合等

・保育短時間…最大利用可能時間1日8時間

（認定の要件）保護者が概ね1か月120時間に満たない就労をしている場合等

▶ **幼稚園，保育所，認定こども園の比較**

	幼稚園	保育所	認定こども園（幼保連携型）
法的性格給付を受ける施設・事業	学校	児童福祉施設	学校かつ児童福祉施設
根拠法令	学校教育法	児童福祉法	認定こども園法（※）
所管	文部科学省	厚生労働省	内閣府・文科省・厚労省
対象園児	3〜5歳 （1号認定子ども）	0〜5歳 （2,3号認定子ども）	0〜5歳 （1,2,3号認定子ども）
教育・保育の内容の根拠	幼稚園教育要領	保育所保育指針	幼保連携型認定こども園教育・保育要領
教員等の資格	幼稚園教諭普通免許状	保育士資格証明書	・3〜5歳児は幼稚園教諭と保育士の両資格併有（保育教諭）が望ましい。 資格特例有 ・0〜2歳児は保育士資格

（※）正式名称は「就学前の子どもに関する教育，保育等の総合的な提供の推進に関する法律」（平成18年法律第77号）

❷ 認定こども園の各類型の理解

　認定こども園は，小学校就学前の子どもに，幼児教育と保育を提供する機能と，地域における子育て支援の機能を併せ持つ，都道府県知事等から認定こども園の認可・認定を受けた施設をいいます。

　認定こども園は，幼保連携型，幼稚園型，保育所型，地方裁量型の4類型に分かれます。

①　認可幼稚園と認可保育所とが連携して行う「幼保連携型」

②　認可幼稚園が保育を必要とする子どものための保育時間を確保するなど保育所的な機能を備えて行う「幼稚園型」

③　認可保育所が学校教育としての幼児教育など幼稚園的な機能を備えて行う「保育所型」

④　幼稚園・保育所いずれの認可もない地域の教育・保育施設が，認定こども園として必要な機能を果たす「地方裁量型」

　認定こども園の法的性格は下表のとおりで，幼保連携型認定こども園，幼稚園型認定こども園が多い状況です。また，幼稚園型から幼保連携型への移行も見られます。

　なお，幼保連携型認定こども園は，教育基本法第6条に定める「法律で定める学校」であり，その内，学校法人立のものは私学法の学校になります（私学法2①）。

▶ 認定こども園の4類型

	幼保連携型	幼稚園型	保育所型	地方裁量型
法的性格	学校かつ児童福祉施設	学校（幼稚園＋保育機能）	児童福祉施設（保育所＋幼稚園機能）	幼稚園機能＋保育所機能
園数（学校法人立）	1,360園	878園	13園	0園
園数（社会福祉法人立）	2,400園	0園	347園	1園

(注) 園数については，「認定こども園に関する状況について（平成30年4月1日現在）（平成30年10月10日内閣府子ども・子育て本部）より抜粋

❸ 子ども・子育て支援新制度に係る税制上の主な取扱いについて

(1) 税制上の主な取扱い

税制上の主な取扱いについては概ね以下のとおりです。

▶ 子ども・子育て支援新制度に係る税制上の主な取扱いについて

	幼保連携型認定こども園		幼保連携型以外の認定こども園			幼稚園		保育所		
	学法、社福	個人	学法、社福	株式会社	個人	学法	個人	社福	株式会社	個人
＜国税＞										
所得税										
寄附金控除	○	-	○	-	-	○	-	○	-	-
簡易証明制度	○	-	-	-	-	○	-	○	-	-
企業主導型保育施設用資産の割増償却（個人）	-	-	-	-	-	-	-	-	-	-
法人税										
寄附金控除	○	-	○	-	-	○	-	○	-	-

202

地域型保育事業			企業主導型保育	認可外保育	備　考
学法、社福	株式会社	個人			
○	-	-	-	-	法人に対して寄附した場合に、所得控除又は税額控除を受けられるもの。 ※ 27 年度要望において、税額控除の対象となるための要件が緩和（年平均の寄附者数 100 人以上→定員が 5,000 人未満の場合、定員の合計数÷5,000×100 人以上（最低 10 人）、かつ、寄附者の年平均寄付額が 30 万円以上）
○	-	-	-	-	土地収用法に基づき土地収用された場合、譲渡所得の特別控除（5,000 万円）が認められているが、土地収用法に基づく認定がない場合でも、簡易な証明書類で同様の特例措置が受けられるもの。 ※幼稚園型認定こども園の幼稚園部分、保育所型認定こども園の保育所部分は対象。 ※地域型保育事業は小規模保育事業（定員 10 人以上）が対象。
-	-	-	○	-	平成 30 年 4 月 1 日から令和 2 年 3 月 31 日までの間に、企業主導型保育事業の助成金の交付を受けて施設の新設又は増設をするとともに、幼児遊戯用構築物等の取得等をする場合において、当該新設又は増設に係る施設を構成する建物及びその附属設備並びに当該幼児遊戯用構築物等（企業主導型保育施設用資産）を新たに保育事業の用に供したときは、保育事業の用に供した日以後 3 年間（企業主導型保育事業の運営費助成金の交付を受ける期間に限る。）に限り、企業主導型保育施設用資産の割増償却ができることとする。
○	-	-	-	-	法人に対して寄附した場合に、損金算入できるもの。 ※受配者指定寄附金として、日本私立学校振興・共済事業団、各都道府県共同募金会を経由して寄附する場合等は、全額損金算入可能（関係告示は本年度末までに改正予定）。

	幼保連携型認定こども園		幼保連携型以外の認定こども園			幼稚園		保育所		
	学法、社福	個人	学法、社福	株式会社	個人	学法	個人	社福	株式会社	個人
簡易証明制度	〇	-	-	-	-	〇	-	〇	-	-
企業主導型保育施設用資産の割増償却（法人）	-	-	-	-	-	-	-	-	-	-
登録免許税	〇	-	〇		-	〇	-	〇		-
相続税・贈与税（用途非課税）	〇	〇 ※1	〇	-	〇 ※1	〇	〇 ※1	〇	-	-
相続税（人的非課税）	〇	-	〇		-	〇	-	〇		-
贈与税（教育資金一括贈与）	〇	〇	〇	〇	〇	〇	〇	〇	〇	〇
消費税	〇	〇	〇	〇	〇	〇 ※2	〇 ※2	〇	〇	〇
関税										
教育用フィルム等	〇	〇	〇	〇	〇	〇	〇	-	-	-
脱脂粉乳	〇	〇	〇	〇	〇	〇	〇	〇	〇	〇

地域型保育事業			企業主導型保育	認可外保育	備考
学法、社福	株式会社	個人			
○	-	-	-	-	土地収用法に基づき土地収用された場合、譲渡所得の特別控除（5,000万円）の損金算入が認められているが、土地収用法に基づく認定がない場合でも、簡易な証明書類で同様の特例措置が受けられるもの。 ※幼稚園型認定こども園の幼稚園部分、保育所型認定こども園の保育所部分は対象。 ※地域型保育事業は小規模保育事業（定員10人以上）が対象。
-	-	-	○	-	平成30年4月1日から令和2年3月31日までの間に、企業主導型保育事業の助成金の交付を受けて施設の新設又は増設をするとともに、幼児遊戯用構築物等の取得等をする場合において、当該新設又は増設に係る施設を構成する建物及びその附属設備並びに当該幼児遊戯用構築物等（企業主導型保育施設用資産）を新たに保育事業の用に供したときは、保育事業の用に供した日以後3年間（企業主導型保育事業の運営費助成金の交付を受ける期間に限る。）に限り、企業主導型保育施設用資産の割増償却ができることとする。
○	-	-	-	-	
○	-	-	-	-	事業者が、相続・遺贈・贈与により取得した財産で、左欄の○のついた事業を行う場合に相続税・贈与税が非課税となるもの。 ※1：個人立については、給与額等の要件あり（幼保連携型認定こども園以外の認定こども園は、幼稚園型認定こども園のみ対象）。
○	-	-	-	-	相続・遺贈により取得した財産を、左欄の○のついた事業を行う者に贈与した場合に、当該財産に係る相続税が非課税となるもの。
○	○	○	○	○	両親や祖父母等から子・孫に教育資金を一括して贈与する場合に、子・孫毎に1,500万円までを非課税（※学校等以外の者に支払われる金額は500万円を限度）となるもの
○	○	○	○	○ ※3	※2：新制度に移行する幼稚園は、給食代やスクールバス代等を実費徴収する場合も非課税。 ※3：5人以下の施設は消費税非課税の対象にはならない。
-	-	-	-	-	
○	○	○	○	-	

	幼保連携型認定こども園		幼保連携型以外の認定こども園			幼稚園		保育所		
	学法、社福	個人	学法、社福	株式会社	個人	学法	個人	社福	株式会社	個人
<地方税>										
固定資産税	○	○	○	○	○	○	-	○	○	○
都市計画税	○	○	○	○	○	○	-	○	○	○
事業所税	○	○	○	○	○	○	○	○	○	○
不動産取得税	○	○	○	○	○	○	-	○	○	○

地域型保育事業			企業主導型保育	認可外保育	備　考
学法、社福	株式会社	個人			
	○ ※4		○ ※5	-	※4：小規模保育事業、事業所内保育事業（利用定員が6人以上）の用に供する固定資産に係る固定資産税及び都市計画税について、非課税。家庭的保育事業、居宅訪問型保育事業又は事業所内保育事業（利用定員が1人以上5人以下）の用に直接供する家屋及び償却資産（他の用途に供されていないものに限る。）に係る固定資産税及び都市計画税の課税標準を、価格の2分の1を参酌して、3分の1～3分の2の範囲内で市町村の条例で定める割合とするもの。
	○ ※4		○ ※5	-	※5：企業主導型保育事業の用に供する固定資産に係る固定資産税及び都市計画税について、助成を受けた後の5年間、課税標準を価格の2分の1を参酌して、3分の1～3分の2の範囲内で市町村の条例で定める割合とするもの。（平成29年4月1日～令和3年3月31日に助成を受けた事業者等に限る）
	○		○ ※6	-	※6：企業主導型保育事業の用に供する施設に係る事業所税について、課税標準が価格を4分の1とするもの。（平成29年4月1日～令和3年3月31日に助成を受けた事業者等に限る）
	○ ※7		-	-	※7：小規模保育事業、事業所内保育事業（利用定員が6人以上）の用に供する不動産に係る不動産取得税について、非課税。家庭的保育事業、居宅訪問型保育事業又は事業所内保育事業（利用定員が1人以上5人以下）の用に直接供する家屋（他の用途に供されていないものに限る。）に対して課される不動産取得税の課税標準を、価格の2分の1を参酌して、3分の1～3分の2の範囲内で都道府県の条例で定める割合を価格から控除するもの。

（出典：平成30年7月6日　「平成30年度税制改正に係る子ども・子育て支援新制度における税制上の取扱いについて」参考資料3）

(2) 消費税に関する取扱い

新制度移行園や認定子ども園の収入は，概ね以下のとおりです。

公定価格＝施設型給付費＋利用者負担額（基本負担額）

負担者		収入の種類	科目（大科目）	科目（小科目）	内容
国・自治体	公定価格	施設型給付費	補助金収入所轄庁の方針のもと，大科目「学生生徒等納付金収入」とすることができる。	施設型給付費収入	国や自治体から受ける公費
保護者		利用者負担額（基本負担額）	学生生徒等納付金収入	基本保育料収入	保護者から所得に応じて徴収←無償化の対象
		利用者負担額（特定負担額）	学生生徒等納付金収入	特定保育料収入	施設整備費などの上乗せ徴収
		入園受入準備費	手数料収入	入園受入準備金収入	入園やその準備，選考などに係る事務手続等に要する費用
		実費徴収	徴収の実態に応じて処理		給食代，バス代など

上記を前提にして下記を参照ください。

❶ 入園前に徴収する検定料，入園料

検定料に係る消費税の取扱いについては，子ども・子育て支援新制度の施設型給付に移行した幼稚園と，従来の私学助成を受ける幼稚園と異なるところはありません。

一方入園料については，従来と異なり，「入園受入準備費」と「特定負担額（特

定保育料）」に区分し，前者は「（大科目）手数料収入」「（小科目）入園受
入準備金収入」として，収受した年度の非課税収入として取扱い，後者は，
「（大科目）学生生徒等納付金収入」「（小科目）特定保育料収入」として，
入園前に「入園料」と称して徴収しても，入園後の役務提供の対価とし，
入園後の年度の非課税収入とします。

❷　基本保育料（基本負担額）

　基本保育料（基本負担額）は，「（大科目）学生生徒等納付金収入」「（小科目）
基本保育料収入」で処理し，学校法人が教育として行う役務の提供として
非課税収入とします。

❸　保護者からの実費徴収

　教育・保育施設の利用において通常必要とされる経費であって，保護者に
負担させることが適当とされるもので，以下のものが挙げられます。

　これらは，教育・保育に要する費用として消費税は非課税になります（「平
成30年度税制改正に係る子ども・子育て支援新制度における税制上の取扱いについ
て（通知）府子本第722号　平成30年7月6日」「5施設型給付費及び地域型保育
給付費等の対象となる施設・事業者を利用した場合の保育料等に係る消費税の非課
税措置」参照）。

　ア　学用品・制服・アルバム・教材等
　イ　園外活動・特別な行事等
　ウ　1号認定子どもの給食
　エ　2号認定子どもの主食
　オ　スクールバス代
　カ　その他施設の利用において通常必要な便宜に要する費用（PTA会費な
　　　ど）

　なお，令和元年10月1日からの幼児教育・保育の無償化に伴い，2号認定
子どもの副食費についても施設における徴収が基本とされることになりますが
（徴収免除対象者の副食費は加算により公費負担），従来と取扱いに変更はないと想

定されるものの，所轄庁から消費税の取扱いについて通知等は出されていません（「幼児教育・保育の無償化に伴う食材費の取扱いの変更について」（府子本第 219 号令和元年 6 月 27 日））。

4　企業主導型保育所の会計と税務

　企業主導型保育事業は，企業の負担により従業員の多彩な働き方に応じた柔軟な事業所内保育を支援するという目的で，「仕事・子育て両立支援事業」として始まった事業であり，公益財団法人児童育成協会が助成事業を行う他，当該事業の指導監督権限を有しています。

　学校教育や社会福祉事業とはその経緯が異なるため，現在施行されている法律や内閣府からの通知等では会計処理についての取扱いが定められていませんが，平成 30 年度企業主導型保育事業指導・監督基準（平成 30 年 6 月 15 日公益財団法人児童育成協会）によると，区分経理の実施など，社会福祉法人会計基準と同等の取扱いに基づく会計処理が求められていると推測されます。

　例えば，児童育成協会から給付金を受けた場合は，財源が子ども・子育て拠出金（事業主拠出金）であるため，

（借）現　　預　　金　××　　（貸）（大科目）雑　　収　　入　　　　××
　　　　　　　　　　　　　　　　　　　（小科目）児童育成協会助成金収入　××

という処理が考えられますが，所轄庁の指示がある場合は，その指示に従って処理してください。

　主な税務上の取扱いとしては，以下の企業主導型保育施設用資産の割増償却が挙げられます。

⑴　制度の概要

　平成 30 年度税制改正により，青色申告書を提出する個人又は法人が，平成 30 年 4 月 1 日から令和 2 年 3 月 31 日までの間に，企業主導型保育施設用資産の取得等をして，その保育事業の用に供した場合には，3 年間（その企業主

導型保育施設用資産に係る事業所内保育施設につき助成金の交付を受ける期間に限り），普通償却限度額の12％（建物及び構築物については，15％）の割増償却ができるようになりました（措法47条1項）。

(2)　適用対象資産

企業主導型保育施設用資産とは，事業所内保育施設の新設又は増設をする場合（その新設又は増設をする事業所内保育施設とともに幼児遊戯用構築物等の取得又は製作若しくは建設（以下「取得等」という）をする場合で，かつ，その事業所内保育施設につき子ども・子育て支援法第59条の2第1項の規定による助成を行う事業に係る助成金の交付を受ける場合に限る）において，その新設若しくは増設に係る事業所内保育施設を構成する建物及びその附属設備並びにその幼児遊戯用構築物等をいいます（措法47条1項）。

(3)　添付書類

この適用を受ける場合には，確定申告書等に企業主導型保育施設用資産の償却限度額の計算に関する明細書を添付することに加えて，その適用を受ける最初の事業年度の確定申告書等に新設又は増設に係る事業所内保育施設とともに用地遊戯用構築物等の取得等をすること及びその事業所内保育施設につき，上記(2)の助成金の交付を受けることが確認できる書類を添付しなければならないことになっています。

第 8 章
高等教育・幼児保育の無償化

1　高等教育の修学支援新制度の概要

　令和2年4月から高等教育の修学支援新制度が実施されます。平成29年
12月の「新しい経済政策パッケージ」，平成30年6月の「経済財政運営と改
革の基本方針2018（いわゆる骨太の方針）」において，意欲ある子どもたちの進
学を支援するため，授業料・入学金の免除又は減額と，返還を要しない給付型
奨学金の大幅拡充により，大学，短期大学，高等専門学校，専門学校を無償化
することになりました。令和元年10月から実施された消費税率10％への引
き上げによる増収分の一部を財源として行われます。

1　制度の概要

　この制度の裏付けとなる法律は，「大学等における修学の支援に関する法律
（令和元年法律第8号）」であり，法律の概要は以下のとおりです。

大学等における修学の支援に関する法律の概要

趣旨 真に支援が必要な低所得者世帯の者に対し、社会で自立し、及び活躍することができる豊かな人間性を備えた創造的な人材を育成するために必要な質の高い教育を実施する大学等における修学の支援を行い、その修学に係る経済的負担を軽減することにより、子どもを安心して生み、育てることができる環境の整備を図り、もって我が国における急速な少子化の進展への対処に寄与する。

> 閣議決定等において、「人づくり革命」を進めるための方策として、アクセス機会の確保と大学改革を一体的に進めることが位置づけられている。

制度のポイント

○ 要件確認を受けた大学・短期大学・高等専門学校・専門学校が対象。
○ 支援対象となる学生は、住民税非課税世帯及びそれに準ずる世帯の学生とする。
○ 修学の支援のため、以下の措置を講じる。
  ①授業料及び入学金の減免（以下「授業料等減免」という。）制度の創設
  ②独立行政法人日本学生支援機構が実施する学資支給（給付型奨学金の支給）の拡充
○ 少子化に処するための施策として、消費税率引上げによる財源を活用。
  国負担分は社会保障関係費として内閣府に予算計上し、文部科学省において執行。

概要

本法に基づき、①授業料等減免と②学資支給（給付型奨学金の支給）を合わせて措置する。
【第3条】

Ⅰ．授業料等減免制度の創設

（1）学生※に対して、大学等は、授業料及び入学金を減免。【第6,8条】
※特に優れた者であって経済的理由により極めて修学に困難があるもの（省令で規定）
（2）減免費用は、国又は地方公共団体が負担（授業料等減免交付金）。【第10,11条】
（3）支援の対象となる大学等は、社会で自立・活躍する人材育成のための教育を継続的・安定的に実施できる大学等として確認を受けることが必要。【第7条】

学校種	交付金の交付・要件確認を行う者
国立大学・高専	国（設置者）
私立大学・高専	国（所轄庁）
公立大学・高専	都道府県・市町村（設置者）
私立専門学校	都道府県（所轄庁）（国が2分の1経費負担）

（参考）支援の対象となるための要件（省令で規定）
・実務経験のある教員による授業科目の標準単位数の1割以上の配置
・外部人材の理事への複数任命　・適正な成績管理の実施・公表　・法令に則った財務・経営情報の開示
・経営に問題のある大学等でないこと
（4）授業料等減免に関する不正への対応（徴収金、報告徴収）。【第12,13条】

Ⅱ．学資支給（給付型奨学金の支給）の拡充

（1）学資支給は、独立行政法人日本学生支援機構法の定めるところによる。【第4,5条】
（2）学資支給を不正に受けた学生への対応（徴収金の額の引上げ）
【独立行政法人日本学生支援機構法第17条の4】
（3）政府から機構への学資支給に要する費用の補助
【独立行政法人日本学生支援機構法第23条の2】

Ⅲ．その他

（1）私立大学・高専への交付金の交付は、日本私立学校振興・共済事業団を通じて行う。
【第17条、日本私立学校振興・共済事業団法第23条】
（2）施行後4年間の状況を勘案し、検討を加え、必要に応じ見直しを行う。【附則第3条】

Ⅳ．施行日

○ 令和2年4月1日を予定。法施行に必要な準備行為は公布日。【附則第1条】

（出典：文部科学省ホームページ「大学等における修学の支援に関する法律の概要」）

　低所得世帯を対象とし、所得水準によって支援割合が異なることから、幼児保育の無償化と異なり、あくまで「修学支援」という位置付けになっています。

❷　授業料等減免の金額

具体的な授業料等減免や給付型奨学金の金額は以下のとおりです。

高等教育の修学支援新制度について(実施時期：令和2年4月1日／通常国会で法成立：令和元年5月10日)
【幼児教育・高等教育無償化の制度の具体化に向けた方針 (平成 30 年 12 月 28 日関係閣僚合意) より】　　　　＊政省令：令和元年6月28日公布

【支援対象となる学校種】大学・短期大学・高等専門学校・専門学校
【支援内容】①授業料等減免制度の創設　②給付型奨学金の支給の拡充
【支援対象となる学生】住民税非課税世帯　及び　それに準ずる世帯の学生
　　　　((令和2年度の在学生（既入学者も含む）から対象))
【財源】少子化に対処するための施策として、消費税率引上げによる財源を活用
国負担分は社会保障関係費として内閣府に予算計上、文科省で執行

授業料等減免
○ 各大学等が、以下の上限額まで授業料等の減免を実施。
減免に要する費用を公費から支出

(授業料等減免の上限額（年額）（住民税非課税世帯）)

	国公立		私立	
	入学金	授業料	入学金	授業料
大学	約28万円	約54万円	約26万円	約70万円
短期大学	約17万円	約39万円	約25万円	約62万円
高等専門学校	約8万円	約23万円	約13万円	約70万円
専門学校	約7万円	約17万円	約16万円	約59万円

給付型奨学金
○ 日本学生支援機構が各学生に支給
○ 学生が学業に専念するため、学生生活を送るのに必要な学生生活費を賄えるよう措置

(給付型奨学金の給付額（年額）（住民税非課税世帯）)

国公立　大学・短期大学・専門学校	自宅生約35万円、自宅外生約80万円
国公立　高等専門学校	自宅生約21万円、自宅外生約41万円
私立　大学・短期大学・専門学校	自宅生約46万円、自宅外生約91万円
私立　高等専門学校	自宅生約32万円、自宅外生約52万円

住民税非課税世帯に準ずる世帯の学生
住民税非課税世帯の学生の2／3又は1／3を支援し、支援額の段差を滑らかに

年収目安　約270万円　　　約300万円　　　約380万円
　　　　　（非課税）

(両親・本人・中学生の家族4人世帯の場合の目安。基準を満たす世帯年収は家族構成により異なる)

支援対象者の要件
○ 進学前は成績だけで否定的な判断をせず、レポート等で本人の学修意欲を確認
○ 大学等への進学後の学修状況に厳しい要件

大学等の要件：国又は自治体による要件確認を受けた大学等が対象
○ 学問追究と実践的教育のバランスが取れた大学等
○ 経営に課題のある法人の設置する大学等は対象外

（出典：文部科学省ホームページ「高等教育の修学支援新制度について」一部変更)

この新しい支援制度では，世帯の収入などの要件に合う学生が支援の対象になります。支援を受けられる金額は，世帯収入がどのくらいか，学校の種類（大学，短期大学，高等専門学校，専門学校か），自宅からの通学か，一人暮らしかなどによって異なります。

これから進学する予定の高校生等だけでなく，既に通っている大学生等も支援の対象になります。

なお，文部科学省が令和元年9月24日に出した「高等教育の修学支援新制度に係る質問と回答（Q&A）」（以下 Q&A）「1-1　減免について」Q1に，「新制度における減免の範囲は，学則で設定している「授業料」，「入学金」であり，施設整備費や実習費として，「授業料」「入学金」とは別に徴収されているものは含まれません」と書かれています。したがって，例えば現行の授業料や入学金が減免額の上限額（授業料約70万円，入学金約26万円）を下回っている場合は，学生の負担を抑えるため学納金総額は変更せず，学則の変更で授業料や入学金を減免額の上限額まで増額し，一方の施設設備費や実習費を同額減額することも考えられます。

なお，授業料や入学金は学校が免除又は減額しますが，給付型奨学金は独立行政法人日本学生支援機構（以下 JASSO）が学生に支給します。

3　手続及び留意点

高校生か，大学生か等により，手続の流れが大きく異なりますので，詳しくは文部科学省ホームページを参照してください。学力基準（高校の指導要録における各教科，科目等の評定の平均が3.5以上など），期間要件（高校卒業から大学入学までに2年以内など），進学後の学業成績のチェックがあるなど細かい要件があることに留意が必要です。

なお，Q&A の Q73 に授業料減免と給付型奨学金の対象者の要件は同じであるものの，前者は大学等の機関が実施し，減免に関する費用を国又は地方公共団体が補助するもの，後者は JASSO が実施し，学生個人に直接支給するも

ので，両者は別の仕組みであり，別個の申込みをすることになります。さらに，現在奨学金を受けている（貸与型第一種（無利子型），第二種（有利子型））場合には，新しい給付型奨学金の対象となった場合に辞退の手続が必要になる等，細かい対応が求められます。

④　会計処理

　主に，減免対象となる入学金についての会計処理が問題となります。給付型奨学金は学生個人に支給するもののため，特に問題となりません。

　この点については，Q&AのQ12「入学金は一般的に入学する前に納付を求められますが，今回の新制度における減免の取扱いはどうなりますか？」の回答として「……今回の新制度の趣旨を踏まえると，給付型奨学金の予約採用手続において採用候補者となっているなど，減免対象となる可能性のある学生等については，大学等において，入学金や授業料の納付時期を猶予するなど弾力的な取扱いによりきめ細かな配慮を行っていただくことが望ましいと考えており，……これにより難しく，大学等において入学金等を一旦徴収した場合は，入学後に減免が確定した際に，学生等に対して減免相当額を還付することを想定しています。」とあります。

　私立大学における会計処理の一例を示すと，文部科学省から都道府県に出された事務連絡（令和元年11月25日）「高等教育の修学支援新制度説明会におけるお問合せと回答について（追加連絡）」によれば，以下のとおりになります。ただし，今後同省等から新たに個別の会計処理についての指示があった場合にはそれに従った会計処理を行ってください。

① 納付時期を猶予する場合
　A　猶予決定時（令和元年度）
　　特に会計処理なし

B　補助金受領・徴収時（令和２年度）

　ア　国からの授業料等減免に要する費用に充てるための資金の交付受領時
　　（日本私立学校振興・共済事業団を通じて授業料等減免費交付金（仮称）を受領）

（借）現　　預　　金 26　　（貸）（大科目）補 助 金 収 入 26[※1]
　　　　　　　　　　　　　　　（小科目）国庫補助金収入[※2]

（※１）減免上限額
（※２）都道府県から私立専門学校を設置する学校法人に対する交付は「小科目：
　　　地方公共団体補助金（収入）」以下同様

（借）（大科目）教 育 研 究 経 費　26　　（貸）学生生徒等納付金収入　26
　　　（小科目）奨 学 費（支出）

　イ　学生からの受領時

（借）現　　預　　金 4　　（貸）学生生徒等納付金収入　4[※2]
　　　　　　　　　　　　　　　　　　　（入学金収入）
（※２）学則に定める入学金等 30 －減免上限額上限額 26

② 　納付時期を猶予せず一旦徴収する場合
　A　学生からの徴収時（令和元年度）
　　（借）現　　預　　金 30　　（貸）前 受 金 収 入　30
　B　減免確定・学生への還付時（令和２年度）
　　（借）前 受 金 支 出 30　　（貸）現　　預　　金 30
　C　補助金受領・徴収時（令和２年度）
　　ア　国からの減免に要する費用に充てるための資金の交付受領時（日本私
　　　立学校振興・共済事業団を通じて授業料等減免費交付金（仮称）を受領）
　　（借）現　　預　　金 26　　（貸）（大科目）補 助 金 収 入　26[※1]
　　　　　　　　　　　　　　　　　（小科目）国庫補助金収入
　　（借）（大科目）教育研究経費（支出）26　　（貸）学生生徒等納付金収入　26
　　　　　（小科目）奨　　学　　費（支出）
　　（※１）減免上限額

イ　学生からの受領時

（借）現　　預　　金　4　　（貸）学生生徒等納付金収入　4^{（※2）}
　　　　　　　　　　　　　　　　　（入学金収入）

（※2）学則に定める入学金等 30 －減免上限額 26

　参考までに同じ令和元年 10 月から実施された消費税率の引き上げによる増収分の一部を財源として実施される「幼児教育・保育の無償化」（後述）では，国から交付される分の性格を学納金と位置付け，「施設等利用給付費収入」という科目で処理することになっています。高等教育の新修学支援制度における「授業料等減免費交付金（仮称）」の性格は，あくまで「補助金」と位置付けて，「国庫補助金収入」という科目で処理します。

2　幼児教育・保育の無償化の概要

　就学前教育の充実はその子どもの初等学校以降の学力向上に影響を与えることは様々な研究等で指摘されており，先進諸外国では就学前教育の無償化が進んでいます。また労働施策上，保育施設の無償化は重要な意味を持つことから，令和元年 10 月 1 日より，日本においても幼児教育・保育の無償化が行われることになりました。具体的には 3 歳から 5 歳までの子どもたちの幼稚園，保育所，認定こども園等の利用料が無償化されます。なお，これに伴い，令和元年 9 月をもって，「私立幼稚園就園奨励費補助事業」は廃止されました。

1　対象となる年齢

　幼稚園，保育所，認定こども園等（下記「対象となる施設・サービス」を参照）を利用する 3 歳から 5 歳の全ての子どもたちの利用料が無償化されます（子ども・子育て支援 30 の 2）。子ども・子育て支援新制度の対象とならない幼稚園の利用料については，同制度における利用者負担額を上限として無償化（上限

月額2.57万円[注]）します。なお，実費として徴収されている費用（通園送迎費，食材料費，行事費など）は，無償化の対象外となります。また，幼稚園（1日4時間程度）については満3歳（3歳になった日）から，保育所については3歳児クラス（3歳になった後の最初の4月以降）から無償化されます。同じ施設に幼稚園機能を使う子どもと保育所機能を使う子どもがいる認定こども園については1つの園の中で同じ3歳児でも無償化の開始時点で差が生じます。

0歳から2歳児の子どもたちの利用料については，住民税非課税世帯を対象として無償化されます。

（注）　保育所等の利用者との公平性の観点から，認可保育所における保育料の全国平均額（3から5歳児まで，月額3.7万円）から幼稚園保育料の無償化上限額（月額2.57万円が上限）を差し引いた額（1.13万円）が預かり保育事業（認定子ども園（1号）等）の無償化上限額となります（幼児教育・保育の無償化に関する自治体向けFAQ 2より）。

　　式で表すと以下のとおりとなります。

認可保育所の3から5歳児の全国平均保育料（3.7万円）　−　幼稚園の保育料・入園料（上限2.57万円）　≒　預かり保育（上限1.13万円）

　　預かり保育支給限度額　日額450円×利用日数と，園に支払った月額利用料のいずれか小さい方を保護者に支給。

② 対象となる施設・サービス（子ども・子育て支援31の11）

① 幼稚園

② 保育所

③ 認定こども園

④ 地域型保育（小規模保育，家庭的保育，居宅訪問型保育，事業所内保育）

⑤ 企業主導型保育事業（標準的な利用料）

3　無償化の対象施設・内容

無償化の対象となる施設，内容は以下のとおりです。

3歳〜5歳児

給付制度等	対象施設・サービス	無償化の内容	無償化に係る新たな手続
子どものための教育・保育給付	保育所 認定こども園 幼稚園 （新制度移行園）	利用料を無償化	不要
	地域型保育 （小規模保育など）		
子育てのための施設等利用給付 【新設】	幼稚園（新制度を除く，未移行園） 特別支援学校 （幼稚部）	月額 25,700 円※を上限に施設等利用費を支給 保育料と入園料が対象	施設等利用給付認定申請が必要
	預かり保育事業	月額 11,300 円を上限に施設等利用費を支給（利用量に応じて支給）	
	認可外保育施設	保育の必要性の認定を受けた場合 月額 37,000 円を上限に施設等利用費を支給 （0 歳児から 2 歳児は月額 4.2 万円を上限）	
	一時預かり事業 病児保育事業 子育て援助活動支援事業 （ファミリー・サポート・センター事業）		

仕事・子育て両立 支援事業	企業主導型 保育事業	標準的な利用料を 無償化 （平成 30 年度：3 歳 児 31,100 円など）	不要
障がい児支援に 係る給付	就学前の障がい児 の発達支援	利用料無償化	不要

注1）0歳児から2歳児は，住民税非課税世帯の子どもを対象として，同様の考え方に
　　　より無償化になります。

注2）各種学校（インターナショナルスクールなど）は，幼児教育を含む個別の教育に
　　　関する基準がなく，多種多様な教育を行っていること，児童福祉法上，認可外保育
　　　施設にも該当しないため，無償化の対象外となっています。

　子育てのための施設等利用給付とは，幼児教育・保育の無償化に伴い新たに
創設された給付制度です。無償化による給付を受けるためには，当該給付に係
る申請書を自治体に提出し，下記の新2号，新3号の認定を受ける必要があり
ます。ただし，既に2号・3号認定を取得している場合は，新たな認定を申請
する必要はなく，現認定を新2号，新3号認定とみなすこととしています（幼
児教育・保育の無償化に関する自治体向けＦＡＱ【2020 年 1 月 17 日版】内閣府，設
問 4-19 みなし認定）。施設等利用給付費に関する具体的な事務手続については
「施設等利用給付事務等の実務フロー〔第 2 版〕」（令和元年 9 月 5 日）を参照し
てください。

▶ 子どものための施設等利用給付（新設）…施設等利用費の支給

認定区分	保育の必要性	支給を受ける施設・事業
新1号認定子ども 満3歳以上の小学校就学前の子どもであって，新2号認定子ども・新3号認定子ども以外のもの ⇒保育の必要性の認定を受けていない，年少以上＆満3歳児クラス在籍児童	なし	幼稚園（私学助成等），特別支援学校，認定子ども園など
新2号認定子ども 満3歳に達する日以後最初の3月31日を経過した小学校就学前の子どもであって，第19条第1項第2号の内閣府令で定める事由により家庭において必要な保育を受けることが困難であるもの ⇒保育の必要性の認定を受けた年少以上の在籍児童	あり	幼稚園（私学助成等），特別支援学校，認定子ども園など
新3号認定子ども 満3歳に達する日以後最初の3月31日までの間にある小学校就学前の子どもであって，第19条第1項第2号の内閣府令で定める事由により家庭において必要な保育を受けることが困難であるもののうち，保護者及同一世帯員が市町村税世帯非課税者であるもの⇒保育の必要性の認定を受けた満3歳児クラスの在籍児童で住民税非課税世帯のもの		認可外保育施設，預かり保育事業，一時預かり事業，病児保育事業，ファミリー・サポート・センター事業

　上記の「子育てのための施設等利用給付」に関し，幼稚園における無償化（給付制度）のみを抜き出してまとめると以下のとおりになります。

（1）　幼稚園の入園料・保育料に係る給付
　① 　対象者　3歳から5歳（満3歳児として入園した児童も対象）

② 無償化の上限額　私立幼稚園は，月額25,700円を上限に無償化

保育料と入園料（以下保育料等）が無償化の対象となります。

保育料等が月額上限を超える場合，差額は保護者の負担になります。

③ 無償化の算定方法及び入園料の取扱い

無償化の月額上限額と，保育料等を比較して，どちらか低い額までを無償化。

入園料は，その年度に在籍した月数で除して月額に換算し，保育料と合計した上で無償化の上限と比較。

④ 保育料等の支払方法の変更

▶令和元年９月までの支払方法

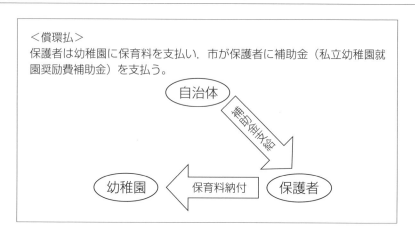

<償還払>
保護者は幼稚園に保育料を支払い，市が保護者に補助金（私立幼稚園就園奨励費補助金）を支払う。

自治体

就園奨励費

幼稚園 ← 保育料納付 ← 保護者

▶ **令和元年 10 月以降**

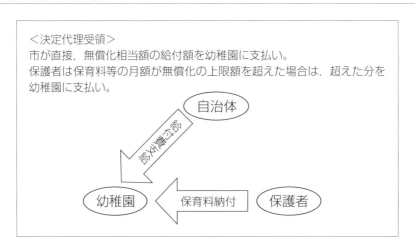

＜決定代理受領＞
市が直接，無償化相当額の給付額を幼稚園に支払い。
保護者は保育料等の月額が無償化の上限額を超えた場合は，超えた分を
幼稚園に支払い。

(2)　幼稚園の預かり保育に係る給付

　幼稚園の預かり保育を利用する子どもたちについては，新たに保育の必要性が あると認定を受けた場合には，幼稚園保育料の無償化（上限月額 2.57 万円）に加え，利用実態に応じて，認可保育所における保育料の全国平均額（月額 3.7 万円）と幼稚園保育料の無償化の上限額との差額である最大月 1.13 万円までの範囲で預かり保育の利用料が無償化されます。なお，認定こども園における子ども・子育て支援新制度の1号認定の子どもたちが利用する預かり保育も含みます。

① 　対象者：3 歳から 5 歳で，保育の必要性があると認定を受けた方

　保育の必要性については，週 64 時間以上の就労等について自治体の認定が必要。また，預かり保育については，3 歳になった日の次の 4 月から対象で，住民税非課税世帯については満 3 歳児から対象。

② 　給付金額：利用日数 ×450 円を限度に，月額最大 11,300 円まで無償化

　住民税非課税世帯の満 3 歳児については，満 3 歳になった日から次の 3 月末までの間は，月額最大 16,300 円となる。

なお保護者から実費で徴収している通園送迎費，食材料費，行事費などは無償化の対象外となります。食材料費は，あくまで保護者が負担する考え方を継続し，施設による実費徴収を行い，年収360万円未満相当世帯のこどもと，第三子以降のこどもについては副食費を免除することになります。

4　その他

(1)　認可外保育施設等

　認可外保育施設等を利用する子どもたちについても，保育の必要性があるとの認定された3歳から5歳の子どもたちを対象として，認可保育所における保育料の全国平均額（月額3.7万円）までの利用料が無償化されます。なお，0歳から2歳児の子どもたちについては，住民税非課税世帯の子どもたちを対象として，月額4.2万円までの利用料が無償化されます。

　ここでいう認可外保育施設等とは，下記の施設，事業等を指します。
- ①　一般的な認可外保育施設
- ②　地方自治体独自の認証保育施設
- ③　ベビーホテル
- ④　ベビーシッター
- ⑤　認可外の事業所内保育
- ⑥　子ども・子育て支援法に基づく一時預かり事業
- ⑦　病児保育事業
- ⑧　ファミリー・サポート・センター事業

　無償化の対象となる認可外保育施設等は，都道府県等に届出を行い，国が定める認可外保育施設の指導監督基準を満たすことが必要です。ただし，経過措置として，指導監督基準を満たしていない場合でも無償化の対象とする5年間の猶予期間を設けるとされています。

(2)　障害児通園施設

就学前の障害児発達支援（いわゆる障がい児通園施設）を利用する子どもたちについて，利用料が無償化されます。幼稚園，保育所，認定こども園といわゆる障害児通園施設の両方を利用する場合は，両方とも無償化の対象となります。

(3)　会計処理

幼児教育・保育の無償化に関する会計処理については，内閣府「幼児教育・保育の無償化に関する自治体向け FAQ」（以下 FAQ）に記載された会計基準を参考に行うことになります。

FAQ【2020 年 1 月 17 日版】の「17．会計基準」に書かれている内容をもとに会計処理を整理すると概ね以下のようになります。

なお，地方自治体によって「法定代理受領」（施設が請求書等を地方自治体に提出し，利用料を受領すること）か，「償還払」（利用者が一旦利用料を施設に支払い，地方自治体への申請により利用者に施設等利用費が支払われること（東京都・さいたま市など））かが異なるため，それぞれの自治体の方式を確認し内閣府 FAQ 等を参考にしながら会計処理をすることになります。

ここでは，法定代理受領を例示していますが，償還払については，従前から各園で行ってきた会計処理を継続することになります。

この内閣府 FAQ は随時更新が行われており，継続的に確認する必要があります。

収入の種類	科目（大科目）	科目（小科目）	無償化による影響
施設型給付費	補助金収入 所轄庁の方針のもと，大科目「学生生徒等納付金収入」とすることができる（※1）。	施設型給付費収入 （※1）	なし
利用者負担額 （基本負担額）	学生生徒等納付金収入	基本保育料収入	あり
利用者負担額 （特定負担額）	学生生徒等納付金収入 特定保育料収入	特定保育料収入	なし
入園受入準備費	手数料収入	入園受入準備金収入	なし
実費徴収	徴収の実態に応じて処理。		なし

（※1）施設型給付費は，施設の運営に標準的に要する費用総額として設定される「公定価格」を基に算出される性質であることを踏まえ，大科目は「補助金収入」として取り扱うことを基本とし，小科目は「施設型給付費収入」として取り扱う。

ただし，今般の無償化により増額された施設型給付費は，従前まで利用者負担額として保護者から徴収していたことや，施設型給付費が法的には保護者に対する個人給付と位置付けられているものである点を重視して，所轄庁（都道府県知事）の方針のもと，大科目を「学生生徒等納付金収入」として取り扱うことも可能である。ただし，この場合でも小科目は「施設型給付費収入」とすることが必要である（FAQ17-8）。

②新制度未移行園（法定代理受領の場合）

収入の種類	科目（大科目）	科目（小科目）	内容
利用料（入園料・保育料）の利用者負担額	学生生徒等納付金収入（※1）	施設等利用給付費収入（※1）	無償化による支給額
		（例）授業料収入・入学金収入（※2）	無償化による支給額を上回る額

（※1）法定代理受領のため，一旦「預かり金」として受け入れ，当該利用料に係る納付期限の到来に応じて当該科目に振り替える。この場合，入園料が発生する初年度においては，一般的に納付期限が先である入園料相当分から施設等利用給付費収入に振り替えることになるが，事務処理の簡便化を図る観点から，保育料相当分を先取りして振り替えることも認められる（FAQ17-4）。

（※2）各園で従来から行ってきた科目で処理する（FAQ17-5）。

③新制度移行園・未移行園における預かり保育料（法定代理受領の場合）

収入の種類	科目（大科目）	科目（小科目）	内容
利用者負担額	付随事業・収益事業収入（※1）	施設等利用給付費収入（※1）	無償化による支給額相当額
		（例）補助活動収入（※2）	無償化による支給額を上回る額

（※1）FAQ17-6参照。

（※2）各園で従来から行ってきた科目で処理する。

④新制度未移行園の利用者に対する給食費に係る補足給付事業（法定代理受領の場合）

現に行っている処理（副食材費）	補足給付費を現物給付として代理受領	
科目（大科目）	科目（大科目）	科目（小科目）
学生生徒等納付金収入	同左（※）	補足給付費収入
附随事業・収益事業収入	同左	補助活動収入
その他の収入（預り金収入）	同左	預り金（受入）収入

（※）教育活動と一体的に行う給食の費用として扱っている場合

第9章
裁決事例・判例

　読者の参考になると思われる主な国税不服審判所の裁決例及び裁判例を掲載しました。

　なお，裁決・判決は，争点が同一あるいは類似する事件であっても，審判所や裁判所におけるそれぞれの事件の事実関係の捉え方や最終判断は必ずしも画一的なものではありません。ここでは主に検索用に項目のみを掲載しましたので，実務において利用される場合は，国税不服審判所並びに裁判所のホームページ等で，必ず裁決全文・判決全文を確認するようしてください。

1　法人税

1　公益法人等における共通費用の合理的な配賦方法について

支部名	国税不服審判所	裁決年月日	平310215	裁決結果	一部取消
争点	公益法人の収益事業（運送業）の範囲				

A．事案の概要

　マンションの管理組合法人であるXは，マンションの共用部分である屋上部分の一部（以下「本件賃貸部分」）を携帯電話等の基地局の設置場所として賃貸して得た賃料収入（以下「本件賃料」）について，法人税等の申告をした。その後，Xは，マンションの管理会社に支払った管理委託費及び設備点検費並びに保険

会社に支払った火災保険料（以下，管理委託費，設備点検費及び火災保険料を併せて「本件各経費」）は，共通費用に該当し，収益事業と収益事業以外の事業の収入割合に基づき算出した収益事業に係る部分の額は損金の額に算入されるとして更正の請求をした。

　これに対して，原処分庁は，本件賃料は本件各経費の有無にかかわらず発生するものであり，本件各経費は携帯電話等の基地局の維持管理等を目的として支出されたものではなく，損金の額に算入できないなどとして，更正をすべき理由がない旨の通知処分をした。

B．裁決のポイント

ア　マンションの管理組合法人がマンションの共用部分の一部分を賃貸して賃料収入を得ていた場合に，管理会社に支払った管理委託費等は，収益事業及び収益事業以外の事業に共通する費用（共通費用）に該当する。

イ　共通費用については，収益と費用の対応関係をより具体的に明らかにできる合理的な基準により配賦するのが相当であるとして，以下のとおり，一部の費用について審判所採用の基準により配賦すべきとした。

	請求人	審判所
管理員業務費	収入割合	従事時間割合
火災保険料	収入割合	面積割合
管理員業務費以外の管理委託費及び設備点検費	収入割合	収入割合

C．実務上の留意事項

　マンションの管理組合（人格のない社団等）及び管理組合法人（区分所有法47–13により法人税法上は公益法人等とみなされる）は，非収益事業となるマンション管理業務のみを行っている場合には法人税の課税対象とはならない。

　しかし，本件のように収益事業を営んでいる場合，収益事業から生じる所得は法人税の課税対象となる（法法7）。

　そのため，収益事業を営んでいる管理組合等は，収益事業から生ずる所得に関する経理と収益事業以外の事業から生ずる所得に関する経理とを区分して行わなければならない（法令6）。

　そして，共通費用については，本件通達(2)において，「継続的に，資産の使用割合，従業員の従事割合，資産の帳簿価額の比，収入金額の比その他当該費用又は損失の性質に応ずる合理的な基準により，収益事業と収益事業以外の事業とに配賦し，これに基づいて経理する」との考え方が示されている。

　もっとも，同通達は，個々の費用について，いかなる基準により配賦すべきかについて具体的に明らかにするものではない。そのため，実務では，共通費用をいかなる基準により配賦すべきか問題となることもある。

　この点，本裁決は，本件各経費は共通費用に該当すると判断した上で，各費用の性質や内容等について個別・具体的に検討して，各費用を配賦する基準を示していることから，実務において，本件通達を具体的に適用する際に，参考となる裁決である。

　また，本裁決は，本件各経費の合理的な配賦方法を個別に検討する中で，請求人が主張した基準（収入金額の比）を一般的な合理性がある基準の一つと認めながら，管理員業務費などの一部費用との関係では，「収益と費用の対応関係をより具体的に明らかにすることができ，合理的である」として，管理員従事時間按分割合などの基準を採用している。

　本裁決は，一般論として全ての事例に当てはまるものではないが，共通費用の配賦方法について，一般的な合理性がある基準によるというだけでは必ずしも十分でなく，「収益と費用の対応関係をより具体的に明らかにできる基準」がある場合には，当該基準により配賦することまでを求めている点に留意する必要がある（参考：週刊税務通信 No.3507「最新未公表裁決」）。

2　役員退職給与／分掌変更と退職所得の要件

京都地方裁判所
平成 20 年（行ウ）第 23 号　納税告知処分等取消請求事件（第 1 事件，認容）
平成 20 年（行ウ）第 37 号　過誤納金返還請求事件（第 2 事件，一部認容，棄却）
（確定）
平成 23 年 4 月 14 日判決【税務訴訟資料　第 261 号-79（順号 11669）】

3　源泉徴収義務／不適格退職年金制度の廃止に伴い支払われた分配金の所得区分

大阪地方裁判所
平成 21 年（行ウ）第 78 号　源泉所得税納税告知処分取消等請求事件（棄却・確定）
平成 22 年 11 月 18 日判決【税務訴訟資料第 260 号-203（順号 11559）】

4　学校法人理事長の校長退職，学長就任に伴い支払われた金員

大阪地方裁判所
平成 17 年（行ウ）第 102 号　納税告知処分取消等請求事件（全部取消し）（確定）
（納税者勝訴）
平成 20 年 2 月 29 日判決【税務訴訟資料　第 258 号-51（順号 10909）】

5　スクールバスの運行事業

支部名	関東信越国税不服審判所	裁決年月日	平 161104	裁決結果	棄却
争点	公益法人の収益事業（運送業）の範囲				

6　不動産貸付業の未収賃料

支部名	大阪	裁決年月日	平 110708	裁決結果	棄却
争点	賃貸料等収入の益金の額の範囲及び計算				

7　他の学校法人の行う講習会等への施設の貸付け

支部名	不明	裁決年月日	平 021121	裁決結果	棄却
争点	公益法人の収益事業（席貸業）の範囲				

8　学校法人の収益事業の範囲

支部名	岡山地方裁判所	裁決年月日	平 210319	裁決結果	棄却
争点	公益法人の収益事業（不動産貸付業，仲立業，請負業）の範囲 税務訴訟資料　第 259 号-50（順号 11163）				

9　みなし寄附金の認定

みなし寄附金の支出は単なる振替処理では認められず，収益事業から公益事業への区分経理をする必要があるとされた事例
平成 8 年 4 月 1 日～平成 9 年 3 月 31 日事業年度法人税に係る更正処分等／棄却／平 120307 裁決）裁決事例集 No. 59

10　徴収権の消滅時効／偽りその他不正の行為

審査請求人の元理事長の普通預金口座に振り込まれた金員は，退職金及び旅費交通費とは認められず元理事長に対する給与に該当するが，審査請求人がその金員を退職金及び旅費交通費としたことにつき，「偽りその他不正の行為であるとまではいえないとして，納税告知処分等が取り消された事例
平成 21 年 7 月 7 日付でされた平成 15 年 6 月分の源泉徴収に係る所得税の納税告知処分及び重加算税の賦課決定処分／全部取消し／平 221217 裁決）関裁（諸）平 22-38

11 製薬会社から学校法人への寄附金

東京地方裁判所

平成 8 年（行ウ）第 41 号法人税更正処分等取消請求事件（一部取消し）（控訴）

国側当事者・板橋税務署長

平成 15 年 5 月 15 日判決【税務訴訟資料　第 253 号　順号 9343】

12 収益事業に属する資産のうちから公益事業のために支出した金額

東京地裁

昭和 31 年（行）第 25 号審査決定取消請求事件

昭和 34 年 6 月 18 日判決　【裁判所ホームページ】

2 所得税

1 大学の非常勤講師料及び監査役を務める法人から支払われた金員

京都地方裁判所

平成 25 年（行ウ）第 35 号更正処分取消等請求事件（棄却）（確定）

平成 26 年 10 月 16 日判決【税務訴訟資料　第 264 号-165（順号 12546）】

2 大学の非常勤講師の報酬

大阪高等裁判所

平成 22 年（行コ）第 60 号所得税更正処分取消等請求控訴事件（棄却）（上告）

平成 22 年 9 月 29 日判決【税務訴訟資料第 260 号-164（順号 11520）】

3 大学の非常勤講師の報酬

大阪地方裁判所

平成 21 年（行ウ）第 63 号所得税更正処分取消等請求事件（棄却）（控訴）

平成 22 年 3 月 12 日判決【税務訴訟資料　第 260 号-39（順号 11395）】

4　国等に対して財産を寄付した場合の譲渡所得等の非課税承認取消処分の適否

東京高等裁判所
平成 15 年（行コ）第 59 号非課税承認取消処分取消請求控訴事件（棄却）（確定）
平成 15 年 7 月 16 日判決【税務訴訟資料　第 253 号　順号 9394】

5　不適格退職年金制度の廃止に伴い支払われた分配金の所得区分

大阪地方裁判所
平成 21 年（行ウ）第 78 号源泉所得税納税告知処分取消等請求事件（棄却／確定）

6　学校法人理事長の校長退職，学長就任に伴い支払われた金員

大阪地方裁判
平成 17 年（行ウ）第 102 号納税告知処分取消等請求事件（全部取消し）（確定）
（納税者勝訴）

7　理事長が不正経理によりねん出した金員

支部名	札幌	裁決年月日	平 120131	裁決結果	棄却
争点	給与所得に該当するか否かと源泉徴収義務の有無				

8　校長職の辞職に伴い理事長に支給された金員

支部名	東京	裁決年月日	平 200116	裁決結果	棄却
争点	退職所得の範囲				

9　学校法人が理事長に支払った金員は給与所得

学校法人が理事長の使用人身分である校長職の辞職に伴い支給した金員は給与所得（賞与）であるとされた事例

平成 17 年 4 月及び平成 18 年 4 月の各月分の源泉徴収に係る所得税の各納税告知処分及び不納付加加算税の各賦課決定処分／棄却／平 200126 裁決）

10　寄附行為無効確認請求

最高裁

平成 4 年（行ツ）第 102 号寄附行為無効確認請求上告事件（棄却）（確定）

11　給与所得の源泉徴収

請求人の元理事長らが不正行為により流用等した金員等は，当該元理事長らに対する給与所得又は退職所得として，請求人は源泉徴収義務を負うと認定した事例（平成 5 年 3 月，同年 8 月，平成 6 年 8 月，同年 11 月，平成 7 年 2 月，同年 5 月，同年 6 月，同年 8 月，同年 9 月，平成 8 年 3 月，同年 4 月の各月分の源泉徴収に係る所得税の各納税告知処分等／棄却／平 110617 裁決）

12　退職の事実／学校法人の理事長に支払った退職金

理事長は，引き続いて実質的に学校法人の経営実権を有していたと認められ，学校法人の退職した事実があったとは認められないから，退職金名義の金員は給与所得に該当するとして事例

（○○までの各月分の源泉徴収に係る所得税の各納税告知処分及び不納付加算税の各賦課決定処分／棄却／平 191119 裁決）大裁（所）平 19‐22

13　退職の事実／学校法人理事長退職金の源泉所得税

学校法人の理事長に対し退職金として支払われた金員について「退職」の事実がなく，勤務関係は終了したということはできないとされた事例

（平成 14 年 6 月分の源泉徴収に係る所得税の納税告知処分及び不納付加加算税の賦課決定処分／棄却／平 170922 裁決）

14　収入金額（子女減免）

被扶養者の入学金及び授業料等を減額免除されたことによる学費免除相当額は給与所得の収入金額に該当するとした事例
（棄却）（昭和54年分，昭和55年分所得税／昭570114裁決）

15　更正処分取消請求

神戸地裁
昭和49年（行ウ）第24号，同年（行ウ）第29号所得税更正処分取消請求事件（一部取消し）（確定）

16　非課税承認取消処分取消請求

東京高等裁判所
平成15年（行コ）第59号非課税承認取消処分取消請求控訴事件（棄却）（確定）

17　寄附行為無効確認請求

東京地裁
平成3年（行ウ）第105号寄附行為無効確認請求事件（却下）（原告控訴）

18　分掌変更と退職所得の要件

京都地方裁判所
平成20年（行ウ）第23号納税告知処分等取消請求事件（第1事件，認容）
平成20年（行ウ）第37号　過誤納金返還請求事件（第2事件，一部認容，棄却）
（確定）

19　賞与認定／学校法人理事長の不正行為／源泉徴収義務の存否

さいたま地方裁判所
平成13年（行ウ）第22号源泉所得税の納税告知処分及び重加算税の賦課決定処分取消請求事件（棄却）（確定）

3　消費税・附帯税・相続税

1　消費税：過少申告加算税／更正があるべきことの予知

消費税等の再修正申告書の提出は，通則法 65 条 5 項「調査があったことにより
更正があるべきことを予知してされたものでないとき」に該当しないとした事例
（平成 27 年 4 月 1 日～平成 28 年 3 月 31 日課税期間の消費税及び地方消費税に
係る過少申告加算税の賦課決定処分・棄却・平 30-02-01 裁決）

2　消費税：みなし仕入率／学校給食の事業区分

学校給食費を対価とする役務の提供である事業は，幼稚園における教育の一環と
して食事の提供を行っているのであって，産業分類上の大分類「サービス業」中
分類「教育」の細分類「幼稚園」に分類されると判断された事例
（平成 5 年 4 月 1 日～平成 8 年 3 月 31 日までの各課税期間消費税の各更正処分
／棄却／平 100723 裁決）

3　消費税：非課税取引／授業料，入学金等

予備校の学則の定める教育課程にない講習会で，広く一般に募集して実施した講
習会の授業料は非課税でないとした事例
（①平成 9 年 4 月 1 日～平成 10 年 3 月 31 日課税期間の消費税及び地方消費税の
更正の請求に対してされた更正をすべき理由がない旨の通知処分，②平成 8 年 4
月 1 日～平成 9 年 3 月 31 日課税期間の消費税の更正処分，及び③平成 9 年 4 月
1 日～平成 11 年 3 月 31 日の各課税期間の消費税及び地方消費税の各更正処分並
びに過少申告加算税の各賦課決定処分，①②につき棄却，③却下／平 130409 裁決）

4　附帯税：理事長の行為を学校法人の行為とみなして重加算税を課した事例

支部名	札幌	裁決年月日	平 120131	裁決結果	棄却
争点	重加算税（隠ぺい，仮装行為）の認定				

5　相続税：相続税の非課税／財団法人・学校法人に対する贈与

最高裁判所（第一小法廷）
平成 25 年（行ツ）第 457 号，平成 25 年（行ヒ）第 494 号相続税更正処分取消
請求上告及び上告受理事件（棄却・不受理）（確定）
平成 26 年 1 月 16 日決定【税務訴訟資料第 264 号-4（順号 12385）】

6　相続税：相続税の非課税／財団法人・学校法人に対する贈与

東京高等裁判所
平成 25 年（行コ）第 112 号相続税更正処分取消請求控訴事件（棄却）（上告・上
告受理申立て）
平成 25 年 7 月 17 日判決【税務訴訟資料第 263 号-135（順号 12259）】

7　相続税：使用貸借契約により学校法人に貸し付けた土地の評価／借地権の有無

大阪地方裁判所
平成 16 年（行ウ）第 29 号相続税更正請求棄却処分取消請求事件（甲事件）（棄却）
平成 17 年（行ウ）第 65 号相続税更正処分義務付け請求事件（乙事件）（却下）（控訴）
平成 17 年 8 月 18 日判決【税務訴訟資料　第 255 号-220（順号 10101）】

8　相続税：借地権以上に評価上の減額を認めるべきとする主張が棄却された事例

支部名	関信	裁決年月日	平 120228	裁決結果	棄却
争点	財産（借地権）の評価				

9　相続税：非課税財産／教育用財産

相続人が個人経営する幼稚園の園舎の敷地及び運動場の用地について，同人の親族に相続税法施行令第2条に規定する「特別の利益」を与えているとして，相続税法第12条第1項第3号に規定する相続税の非課税財産には該当しないとした事例

（昭和61年6月30日付でされた昭和○○年○○月○○日相続開始に係る相続税の更正処分並びに更正の請求に対してされた更正すべき理由がない旨の通知処分・棄却・昭和62-10-12裁決）【東裁（諸）62-21】

10　相続税：相続税の非課税／財団法人・学校法人に対する贈与

東京地方裁判所
平成24年（行ウ）第386号相続税更正処分取消請求事件（棄却）
平成25年2月22日判決【情報公開法第9条第1項による開示情報】

11　相続税：相続税更正処分等取消請求

千葉地裁
平成8年（行ウ）第2号相続税更正処分等取消請求事件（棄却）（原則控訴）

12　相続税：使用貸借契約により学校法人に貸し付けた土地の評価／借地権の有無

大阪高等裁判所
平成17年（行コ）第83号相続税更正請求棄却処分取消，相続税更正処分義務付け請求控訴事件（棄却）（上告）
平成18年1月24日判決【税務訴訟資料第256号- 17（順号10277）】

13　相続税：相続税更正処分等取消請求

東京高裁
平成10年（行コ）第52号相続税更正処分等取消請求控訴事件（棄却）（控訴人上告）

4　地方税：固定資産税

1　地方税：固定資産税／学校法人が新病院を建築中の土地

東京地方裁判所
平成 24 年（行ウ）第 426 号固定資産税等賦課処分取消請求事件（棄却）平成 25 年 2 月 6 日判決

2　地方税：固定資産税／直接教育の用に供する固定資産の範囲

東京高等裁判所
平成 23 年（行コ）第 364 号固定資産税賦課処分取消等請求控訴事件（棄却）（上告）
平成 24 年 2 月 21 日判決

3　地方税：固定資産税／直接教育の用に供する固定資産の範囲と地積

東京高等裁判所
平成 23 年（行コ）第 4 号誤納金還付請求控訴事件（棄却）
平成 23 年 10 月 13 日判決

4　地方税：固定資産税／評価基準の一般的合理性と特別の事情

仙台地裁
平成 14 年（行ウ）第 2 号審査決定取消請求事件（一部取消し）（被告仙台市固定資産評価審査委員会控訴）

5　地方税：住民訴訟／固定資産税の免除措置

長野地方裁判所
平成 18 年（行ウ）第 4 号損害賠償請求権行使請求事件（甲事件），同年（行ウ）第 14 号固定資産税減免取消し請求事件（乙事件）（一部却下，一部認容）（控訴）
平成 20 年 2 月 22 日判決

6 　地方税：固定資産税／直接教育の用に供する固定資産の範囲と地積

東京地方裁判所
平成 21 年（行ウ）第 318 号誤納金還付請求事件（棄却）（控訴）
平成 22 年 11 月 30 日判決

7 　地方税：固定資産税／直接教育の用に供する固定資産の範囲

東京地方裁判所
平成 22 年（行ウ）第 436 号固定資産税賦課処分取消等請求事件（棄却）（控訴）
平成 23 年 10 月 21 日判決

【巻末資料】

読者の参考の便宜のため，法人税のうち主な条文のみを掲載します。

法人税法

（昭和40年法律第34号）

最終改正平成31年3月29日公布（平成31年法律第6号）改正

（定義）

第2条　（略）

十三　収益事業　販売業，製造業その他の政令で定める事業で，継続して事業場を設けて
　　　行われるものをいう。

（寄附金の損金不算入）

第37条　内国法人が各事業年度において支出した寄附金の額（次項の規定の適用を受ける寄
　　附金の額を除く。）の合計額のうち，その内国法人の当該事業年度終了の時の資本金等の額
　　又は当該事業年度の所得の金額を基礎として政令で定めるところにより計算した金額を超
　　える部分の金額は，当該内国法人の各事業年度の所得の金額の計算上，損金の額に算入し
　　ない。

2　内国法人が各事業年度において当該内国法人との間に完全支配関係（法人による完全支配
　　関係に限る。）がある他の内国法人に対して支出した寄附金の額（第25条の2（受贈益の
　　益金不算入）又は第81条の3第1項（第25条の2に係る部分に限る。）（個別益金額又は
　　個別損金額の益金又は損金算入）の規定を適用しないとした場合に当該他の内国法人の各
　　事業年度の所得の金額又は各連結事業年度の連結所得の金額の計算上益金の額に算入され
　　る第25条の2第2項に規定する受贈益の額に対応するものに限る。）は，当該内国法人の
　　各事業年度の所得の金額の計算上，損金の額に算入しない。

3　第1項の場合において，同項に規定する寄附金の額のうちに次の各号に掲げる寄附金の額
　　があるときは，当該各号に掲げる寄附金の額の合計額は，同項に規定する寄附金の額の合
　　計額に算入しない。

一　国又は地方公共団体（港湾法（昭和25年法律第218号）の規定による港務局を含む。）
　　　に対する寄附金（その寄附をした者がその寄附によつて設けられた設備を専属的に利用
　　　することその他特別の利益がその寄附をした者に及ぶと認められるものを除く。）の額

二　公益社団法人，公益財団法人その他公益を目的とする事業を行う法人又は団体に対する
　　　寄附金（当該法人の設立のためにされる寄附金その他の当該法人の設立前においてされ

る寄附金で政令で定めるものを含む。）のうち，次に掲げる要件を満たすと認められるものとして政令で定めるところにより財務大臣が指定したものの額

　イ　広く一般に募集されること。

　ロ　教育又は科学の振興，文化の向上，社会福祉への貢献その他公益の増進に寄与するための支出で緊急を要するものに充てられることが確実であること。

4　第1項の場合において，同項に規定する寄附金の額のうちに，公共法人，公益法人等（別表第2に掲げる一般社団法人及び一般財団法人を除く。以下この項及び次項において同じ。）その他特別の法律により設立された法人のうち，教育又は科学の振興，文化の向上，社会福祉への貢献その他公益の増進に著しく寄与するものとして政令で定めるものに対する当該法人の主たる目的である業務に関連する寄附金（前項各号に規定する寄附金に該当するものを除く。）の額があるときは，当該寄附金の額の合計額（当該合計額が当該事業年度終了の時の資本金等の額又は当該事業年度の所得の金額を基礎として政令で定めるところにより計算した金額を超える場合には，当該計算した金額に相当する金額）は，第1項に規定する寄附金の額の合計額に算入しない。ただし，公益法人等が支出した寄附金の額については，この限りでない。

5　公益法人等がその収益事業に属する資産のうちからその収益事業以外の事業のために支出した金額（公益社団法人又は公益財団法人にあっては，その収益事業に属する資産のうちからその収益事業以外の事業で公益に関する事業として政令で定める事業に該当するもののために支出した金額）は，その収益事業に係る寄附金の額とみなして，第1項の規定を適用する。

6　内国法人が特定公益信託（公益信託ニ関スル法律（大正11年法律第62号）第1条（公益信託）に規定する公益信託で信託の終了の時における信託財産がその信託財産に係る信託の委託者に帰属しないこと及びその信託事務の実施につき政令で定める要件を満たすものであることについて政令で定めるところにより証明がされたものをいう。）の信託財産とするために支出した金銭の額は，寄附金の額とみなして第1項，第4項，第9項及び第10項の規定を適用する。この場合において，第4項中「）の額」とあるのは，「）の額（第6項に規定する特定公益信託のうち，その目的が教育又は科学の振興，文化の向上，社会福祉への貢献その他公益の増進に著しく寄与するものとして政令で定めるものの信託財産とするために支出した金銭の額を含む。）」とするほか，この項の規定の適用を受けるための手続に関し必要な事項は，政令で定める。

7　前各項に規定する寄附金の額は，寄附金，拠出金，見舞金その他いずれの名義をもってするかを問わず，内国法人が金銭その他の資産又は経済的な利益の贈与又は無償の供与（広告宣伝及び見本品の費用その他これらに類する費用並びに交際費，接待費及び福利厚生費とされるべきものを除く。次項において同じ。）をした場合における当該金銭の額若しくは

金銭以外の資産のその贈与の時における価額又は当該経済的な利益のその供与の時における価額によるものとする。

8　内国法人が資産の譲渡又は経済的な利益の供与をした場合において，その譲渡又は供与の対価の額が当該資産のその譲渡の時における価額又は当該経済的な利益のその供与の時における価額に比して低いときは，当該対価の額と当該価額との差額のうち実質的に贈与又は無償の供与をしたと認められる金額は，前項の寄附金の額に含まれるものとする。

9　第3項の規定は，確定申告書，修正申告書又は更正請求書に第1項に規定する寄附金の額の合計額に算入されない第3項各号に掲げる寄附金の額及び当該寄附金の明細を記載した書類の添付がある場合に限り，第4項の規定は，確定申告書，修正申告書又は更正請求書に第1項に規定する寄附金の額の合計額に算入されない第4項に規定する寄附金の額及び当該寄附金の明細を記載した書類の添付があり，かつ，当該書類に記載された寄附金が同項に規定する寄附金に該当することを証する書類として財務省令で定める書類を保存している場合に限り，適用する。この場合において，第3項又は第4項の規定により第1項に規定する寄附金の額の合計額に算入されない金額は，当該金額として記載された金額を限度とする。

10　税務署長は，第4項の規定により第1項に規定する寄附金の額の合計額に算入されないこととなる金額の全部又は一部につき前項に規定する財務省令で定める書類の保存がない場合においても，その書類の保存がなかつたことについてやむを得ない事情があると認めるときは，その書類の保存がなかつた金額につき第四項の規定を適用することができる。

11　財務大臣は，第3項第2号の指定をしたときは，これを告示する。

12　第5項から前項までに定めるもののほか，第1項から第4項までの規定の適用に関し必要な事項は，政令で定める。

法人税法施行令

（昭和40年政令第97号）
最終改正：平成31年3月29日公布（平成31年政令第96号）改正

（収益事業の範囲）

第5条　法第2条第13号（定義）に規定する政令で定める事業は，次に掲げる事業（その性質上その事業に付随して行われる行為を含む。）とする。

一　物品販売業（動植物その他通常物品といわないものの販売業を含むものとし，国立研究開発法人農業・食品産業技術総合研究機構が国立研究開発法人農業・食品産業技術総合研究機構法（平成11年法律第192号）第14条第1項第4号（業務の範囲）に掲げる業

務として行うものを除く。）

二　不動産販売業のうち次に掲げるもの以外のもの

イ　次に掲げる法人で，その業務が地方公共団体の管理の下に運営されているもの（以下この項において「特定法人」という。）の行う不動産販売業

　⑴　その社員総会における議決権の総数の２分の１以上の数が当該地方公共団体により保有されている公益社団法人又は法別表第２に掲げる一般社団法人

　⑵　その拠出をされた金額の２分の１以上の金額が当該地方公共団体により拠出をされている公益財団法人又は法別表第２に掲げる一般財団法人

　⑶　その社員総会における議決権の全部が⑴又は⑵に掲げる法人により保有されている公益社団法人又は法別表第２に掲げる一般社団法人

　⑷　その拠出をされた金額の全額が⑴又は⑵に掲げる法人により拠出をされている公益財団法人又は法別表第２に掲げる一般財団法人

ロ　日本勤労者住宅協会が日本勤労者住宅協会法（昭和41年法律第133号）第23条第1号及び第2号（業務）に掲げる業務として行う不動産販売業

ハ　独立行政法人農業者年金基金が独立行政法人農業者年金基金法（平成14年法律第127号）附則第6条第1項第2号（業務の特例）に掲げる業務として行う不動産販売業

ニ　独立行政法人中小企業基盤整備機構が独立行政法人中小企業基盤整備機構法（平成14年法律第147号）第15条第1項第8号及び第9号並びに第2項第6号（業務の範囲）に掲げる業務並びに同法附則第8条の2第1項（旧新事業創出促進法に係る業務の特例）及び第8条の4第1項（旧特定産業集積活性化法に係る業務の特例）の規定に基づく業務として行う不動産販売業

ホ　民間都市開発の推進に関する特別措置法（昭和62年法律第62号）第3条第1項（民間都市開発推進機構の指定）に規定する民間都市開発推進機構（次号ト及び第5号トにおいて「民間都市開発推進機構」という。）が同法第4条第1項第1号（機構の業務）（都市再生特別措置法（平成14年法律第22号）第30条（民間都市開発法の特例）又は第104条（民間都市開発法の特例）の規定により読み替えて適用する場合を含む。第5号トにおいて同じ。）及び民間都市開発の推進に関する特別措置法附則第14条第2項第1号（機構の業務の特例）に掲げる業務並びに同条第10項（同条第12項の規定により読み替えて適用する場合を含む。）の規定に基づく業務として行う不動産販売業

三　金銭貸付業のうち次に掲げるもの以外のもの

イ　独立行政法人勤労者退職金共済機構が中小企業退職金共済法（昭和34年法律第160号）第70条第2項第1号（業務の範囲）に掲げる業務並びに同法附則第2条第1項（業務の特例）及び中小企業退職金共済法の一部を改正する法律（平成14年法律第164号）附則第5条（業務の特例）の規定に基づく業務として行う金銭貸付業

ロ　独立行政法人中小企業基盤整備機構が独立行政法人中小企業基盤整備機構法第15条第1項第3号，第4号，第12号及び第14号並びに第2項第8号に掲げる業務として行う金銭貸付業

ハ　所得税法施行令（昭和40年政令第96号）第74条第5項（特定退職金共済団体の承認）に規定する特定退職金共済団体が行う同令第73条第1項第5号ヘ（特定退職金共済団体の要件）に掲げる貸付金に係る金銭貸付業

ニ　独立行政法人農業者年金基金が独立行政法人農業者年金基金法附則第6条第1項第2号に掲げる業務として行う金銭貸付業

ホ　独立行政法人自動車事故対策機構が独立行政法人自動車事故対策機構法（平成14年法律第183号）第13条第5号及び第6号（業務の範囲）に掲げる業務として行う金銭貸付業

ヘ　国立研究開発法人新エネルギー・産業技術総合開発機構が国立研究開発法人新エネルギー・産業技術総合開発機構法（平成14年法律第145号）附則第6条第1項（探鉱貸付経過業務）及び第9条第2項（鉱工業承継業務）の規定に基づく業務として行う金銭貸付業

ト　民間都市開発推進機構が民間都市開発の推進に関する特別措置法第4条第1項第2号に掲げる業務として行う金銭貸付業

チ　日本私立学校振興・共済事業団が日本私立学校振興・共済事業団法（平成9年法律第48号）第23条第1項第2号（業務）に掲げる業務として行う金銭貸付業

四　物品貸付業（動植物その他通常物品といわないものの貸付業を含む。）のうち次に掲げるもの以外のもの

イ　土地改良事業団体連合会が会員に対し土地改良法（昭和24年法律第195号）第111条の9（事業）に掲げる事業として行う物品貸付業

ロ　特定法人が農業若しくは林業を営む者，地方公共団体又は農業協同組合，森林組合その他農業若しくは林業を営む者の組織する団体（以下この号及び第10号ハにおいて「農業者団体等」という。）に対し農業者団体等の行う農業又は林業の目的に供される土地の造成及び改良並びに耕うん整地その他の農作業のために行う物品貸付業

五　不動産貸付業のうち次に掲げるもの以外のもの

イ　特定法人が行う不動産貸付業

ロ　日本勤労者住宅協会が日本勤労者住宅協会法第23条第1号及び第2号に掲げる業務として行う不動産貸付業

ハ　社会福祉法（昭和26年法律第45号）第22条（定義）に規定する社会福祉法人が同法第2条第3項第8号（定義）に掲げる事業として行う不動産貸付業

ニ　宗教法人法（昭和26年法律第126号）第4条第2項（法人格）に規定する宗教法人

又は公益社団法人若しくは公益財団法人が行う墳墓地の貸付業

ホ　国又は地方公共団体に対し直接貸し付けられる不動産の貸付業

ヘ　主として住宅の用に供される土地の貸付業（イからハまで及びホに掲げる不動産貸付業を除く。）で，その貸付けの対価の額が低廉であることその他の財務省令で定める要件を満たすもの

ト　民間都市開発推進機構が民間都市開発の推進に関する特別措置法第 4 条第 1 項第 1 号に掲げる業務として行う不動産貸付業

チ　独立行政法人農業者年金基金が独立行政法人農業者年金基金法附則第 6 条第 1 項第 2 号に掲げる業務として行う不動産貸付業

リ　商工会及び商工会議所による小規模事業者の支援に関する法律（平成 5 年法律第 51 号）第 3 条第 1 項（基本指針）に規定する商工会等が同法第 7 条第一項（基盤施設計画の認定）に規定する基盤施設事業として行う不動産（同項に規定する施設に該当するもののうち小規模事業者に貸し付けられるものとして財務省令で定めるものに限る。）の貸付業

ヌ　独立行政法人中小企業基盤整備機構が独立行政法人中小企業基盤整備機構法第 15 条第 1 項第 8 号及び第 9 号に掲げる業務並びに同法附則第 8 条の 2 第 1 項及び第 8 条の 4 第 1 項の規定に基づく業務として行う不動産貸付業

六　製造業（電気又はガスの供給業，熱供給業及び物品の加工修理業を含むものとし，国立研究開発法人農業・食品産業技術総合研究機構が国立研究開発法人農業・食品産業技術総合研究機構法第 14 条第 1 項第 2 号及び第 3 号に掲げる業務として行うものを除く。）

七　通信業（放送業を含む。）

八　運送業（運送取扱業を含む。）

九　倉庫業（寄託を受けた物品を保管する業を含むものとし，第 31 号の事業に該当するものを除く。）

十　請負業（事務処理の委託を受ける業を含む。）のうち次に掲げるもの以外のもの

イ　法令の規定に基づき国又は地方公共団体の事務処理を委託された法人の行うその委託に係るもので，その委託の対価がその事務処理のために必要な費用を超えないことが法令の規定により明らかなことその他の財務省令で定める要件に該当するもの

ロ　土地改良事業団体連合会が会員又は国若しくは都道府県に対し土地改良法第 111 条の 9 に掲げる事業として行う請負業

ハ　特定法人が農業者団体等に対し農業者団体等の行う農業又は林業の目的に供される土地の造成及び改良並びに耕うん整地その他の農作業のために行う請負業

ニ　私立学校法（昭和 24 年法律第 270 号）第 3 条（定義）に規定する学校法人がその設置している大学に対する他の者の委託を受けて行う研究に係るもの（その委託に係る

契約又は協定において，当該研究の成果の全部若しくは一部が当該学校法人に帰属する旨又は当該研究の成果について学術研究の発展に資するため適切に公表される旨が定められているものに限る。）

十一　印刷業

十二　出版業（特定の資格を有する者を会員とする法人がその会報その他これに準ずる出版物を主として会員に配布するために行うもの及び学術，慈善その他公益を目的とする法人がその目的を達成するため会報を専らその会員に配布するために行うものを除く。）

十三　写真業

十四　席貸業のうち次に掲げるもの

　イ　不特定又は多数の者の娯楽，遊興又は慰安の用に供するための席貸業

　ロ　イに掲げる席貸業以外の席貸業（次に掲げるものを除く。）

　　⑴　国又は地方公共団体の用に供するための席貸業

　　⑵　社会福祉法第2条第1項に規定する社会福祉事業として行われる席貸業

　　⑶　私立学校法第3条に規定する学校法人若しくは同法第64条第4項（私立専修学校等）の規定により設立された法人又は職業能力開発促進法（昭和44年法律第64号）第31条（職業訓練法人）に規定する職業訓練法人がその主たる目的とする業務に関連して行う席貸業

　　⑷　法人がその主たる目的とする業務に関連して行う席貸業で，当該法人の会員その他これに準ずる者の用に供するためのもののうちその利用の対価の額が実費の範囲を超えないもの

十五　旅館業

十六　料理店業その他の飲食店業

十七　周旋業

十八　代理業

十九　仲立業

二十　問屋業

二十一　鉱業

二十二　土石採取業

二十三　浴場業

二十四　理容業

二十五　美容業

二十六　興行業

二十七　遊技所業

二十八　遊覧所業

二十九　医療保健業（財務省令で定める血液事業を含む。以下この号において同じ。）のうち次に掲げるもの以外のもの

イ　日本赤十字社が行う医療保健業

ロ　社会福祉法第22条に規定する社会福祉法人が行う医療保健業

ハ　私立学校法第3条に規定する学校法人が行う医療保健業

ニ　全国健康保険協会，健康保険組合若しくは健康保険組合連合会又は国民健康保険組合若しくは国民健康保険団体連合会が行う医療保健業

ホ　国家公務員共済組合又は国家公務員共済組合連合会が行う医療保健業

ヘ　地方公務員共済組合又は全国市町村職員共済組合連合会が行う医療保健業

ト　日本私立学校振興・共済事業団が行う医療保健業

チ　医療法（昭和23年法律第205号）第42条の2第1項（社会医療法人）に規定する社会医療法人が行う医療保健業（同法第42条（附帯業務）の規定に基づき同条各号に掲げる業務として行うもの及び同項の規定に基づき同項に規定する収益業務として行うものを除く。）

リ　公益社団法人若しくは公益財団法人又は法別表第2に掲げる一般社団法人若しくは一般財団法人（以下この号において「公益社団法人等」という。）で，結核に係る健康診断（感染症の予防及び感染症の患者に対する医療に関する法律（平成10年法律第114号）第17条第1項（健康診断）並びに第53条の2第1項及び第3項（定期の健康診断）の規定に基づく健康診断に限る。），予防接種（予防接種法（昭和23年法律第68号）第5条第1項（市町村長が行う予防接種）及び第6条第1項（臨時に行う予防接種）の規定に基づく予防接種に限る。）及び医療を行い，かつ，これらの医学的研究（その研究につき国の補助があるものに限る。）を行うもののうち法人格を異にする支部を含めて全国的組織を有するもの及びその支部であるものが行う当該健康診断及び予防接種に係る医療保健業

ヌ　公益社団法人等が行うハンセン病患者の医療（その医療費の全額が国の補助によつているものに限る。）に係る医療保健業

ル　公益社団法人若しくは公益財団法人で専ら学術の研究を行うもの又は法別表第2に掲げる一般社団法人若しくは一般財団法人で専ら学術の研究を行い，かつ，当該研究を円滑に行うための体制が整備されているものとして財務省令で定めるものがこれらの学術の研究に付随して行う医療保健業

ヲ　一定の地域内の医師又は歯科医師を会員とする公益社団法人又は法別表第2に掲げる一般社団法人で，その残余財産が国又は地方公共団体に帰属すること，当該法人の開設する病院又は診療所が当該地域内の全ての医師又は歯科医師の利用に供されることとなつており，かつ，その診療報酬の額が低廉であることその他の財務省令で定める

要件に該当するものが行う医療保健業

ワ　一定の医療施設を有していること，診療報酬の額が低廉であることその他の財務省令で定める要件に該当する法別表第2に掲げる農業協同組合連合会が行う医療保健業

カ　公益社団法人等で看護師等の人材確保の促進に関する法律（平成4年法律第86号）第14条第1項（指定等）の規定による指定を受けたものが，介護保険法（平成9年法律第123号）第8条第4項（定義）に規定する訪問看護，同法第8条の2第3項（定義）に規定する介護予防訪問看護，高齢者の医療の確保に関する法律（昭和57年法律第80号）第78条第1項（訪問看護療養費）に規定する指定訪問看護又は健康保険法（大正11年法律第70号）第88条第1項（訪問看護療養費）に規定する訪問看護の研修に付随して行う医療保健業

ヨ　イからカまでに掲げるもののほか，残余財産が国又は地方公共団体に帰属すること，一定の医療施設を有していること，診療報酬の額が低廉であることその他の財務省令で定める要件に該当する公益法人等が行う医療保健業

三十　洋裁，和裁，着物着付け，編物，手芸，料理，理容，美容，茶道，生花，演劇，演芸，舞踊，舞踏，音楽，絵画，書道，写真，工芸，デザイン（レタリングを含む。），自動車操縦若しくは小型船舶（船舶職員及び小型船舶操縦者法（昭和26年法律第149号）第2条第4項（定義）に規定する小型船舶をいう。）の操縦（以下この号において「技芸」という。）の教授（通信教育による技芸の教授及び技芸に関する免許の付与その他これに類する行為を含む。以下この号において同じ。）のうちイ及びハからホまでに掲げるもの以外のもの又は学校の入学者を選抜するための学力試験に備えるため若しくは学校教育の補習のための学力の教授（通信教育による当該学力の教授を含む。以下この号において同じ。）のうちロ及びハに掲げるもの以外のもの若しくは公開模擬学力試験（学校の入学者を選抜するための学力試験に備えるため広く一般に参加者を募集し当該学力試験にその内容及び方法を擬して行われる試験をいう。）を行う事業

イ　学校教育法（昭和22年法律第26号）第1条（学校の範囲）に規定する学校，同法第124条（専修学校）に規定する専修学校又は同法第134条第1項（各種学校）に規定する各種学校において行われる技芸の教授で財務省令で定めるもの

ロ　イに規定する学校，専修学校又は各種学校において行われる学力の教授で財務省令で定めるもの

ハ　社会教育法（昭和24年法律第207号）第51条（通信教育の認定）の規定により文部科学大臣の認定を受けた通信教育として行う技芸の教授又は学力の教授

ニ　理容師法（昭和22年法律第234号）第3条第3項（理容師試験）又は美容師法（昭和32年法律第163号）第4条第3項（美容師試験）の規定により都道府県知事の指定を受けた施設において養成として行う技芸の教授で財務省令で定めるもの並びに当該

施設に設けられた通信課程に係る通信及び添削による指導を専ら行う法人の当該指導として行う技芸の教授

ホ　技芸に関する国家試験（法令において，国家資格（資格のうち，法令において当該資格を有しない者は当該資格に係る業務若しくは行為を行い，若しくは当該資格に係る名称を使用することができないこととされているもの又は法令において一定の場合には当該資格を有する者を使用し，若しくは当該資格を有する者に当該資格に係る行為を依頼することが義務付けられているものをいう。ホにおいて同じ。）を取得し，若しくは維持し，又は当該国家資格に係る業務若しくは行為を行うにつき，試験，検定その他これらに類するもの（ホにおいて「試験等」という。）を受けることが要件とされている場合における当該試験等をいう。）の実施に関する事務（法令において当該国家資格を取得し，若しくは維持し，又は当該国家資格に係る業務若しくは行為を行うにつき，登録，免許証の交付その他の手続（ホにおいて「登録等」という。）を経ることが要件とされている場合における当該登録等に関する事務を含む。ホにおいて「国家資格付与事務」という。）を行う者として法令において定められ，又は法令に基づき指定された法人が法令に基づき当該国家資格付与事務として行う技芸の教授（国の行政機関の長又は地方公共団体の長が当該国家資格付与事務に関し監督上必要な命令をすることができるものに限る。）で，次のいずれかの要件に該当するもの

⑴　その対価の額が法令で実費を勘案して定めることとされているものであること又はその対価の額が当該国家資格付与事務の処理のために必要な費用の額を超えないと見込まれるものであること。

⑵　国の行政機関の長又は地方公共団体の長以外の者で当該国家資格付与事務を行う者が，公益法人等又は一般社団法人若しくは一般財団法人に限られていることが法令で定められているものであること。

三十一　駐車場業

三十二　信用保証業のうち次に掲げるもの以外のもの

イ　信用保証協会法（昭和28年法律第196号）その他財務省令で定める法令の規定に基づき行われる信用保証業

ロ　イに掲げる信用保証業以外の信用保証業で，その保証料が低額であることその他の財務省令で定める要件を満たすもの

三十三　その有する工業所有権その他の技術に関する権利又は著作権（出版権及び著作隣接権その他これに準ずるものを含む。）の譲渡又は提供（以下この号において「無体財産権の提供等」という。）のうち次に掲げるもの以外のものを行う事業

イ　国又は地方公共団体（港湾法（昭和25年法律第218号）の規定による港務局を含む。）に対して行われる無体財産権の提供等

254

ロ　国立研究開発法人宇宙航空研究開発機構，国立研究開発法人海洋研究開発機構その他特別の法令により設立された法人で財務省令で定めるものがその業務として行う無体財産権の提供等

ハ　その主たる目的とする事業に要する経費の相当部分が無体財産権の提供等に係る収益に依存している公益法人等として財務省令で定めるものが行う無体財産権の提供等

三十四　労働者派遣業（自己の雇用する者その他の者を，他の者の指揮命令を受けて，当該他の者のために当該他の者の行う事業に従事させる事業をいう。）

2　次に掲げる事業は，前項に規定する事業に含まれないものとする。

一　公益社団法人又は公益財団法人が行う前項各号に掲げる事業のうち，公益社団法人及び公益財団法人の認定等に関する法律第2条第4号（定義）に規定する公益目的事業に該当するもの

（公益の増進に著しく寄与する法人の範囲）

第77条　法第37条第4項（寄附金の損金不算入）に規定する政令で定める法人は、次に掲げる法人とする。

一　独立行政法人通則法（平成11年法律第103号）第2条第1項（定義）に規定する独立行政法人

一の二　地方独立行政法人法（平成15年法律第118号）第2条第1項（定義）に規定する地方独立行政法人で同法第21条第1号又は第3号から第6号まで（業務の範囲）に掲げる業務（同条第3号に掲げる業務にあつては同号チに掲げる事業の経営に、同条第6号に掲げる業務にあつては地方独立行政法人法施行令（平成15年政令第486号）第6条第1号又は第3号（公共的な施設の範囲）に掲げる施設の設置及び管理に、それぞれ限るものとする。）を主たる目的とするもの

二　自動車安全運転センター、日本司法支援センター、日本私立学校振興・共済事業団及び日本赤十字社

三　公益社団法人及び公益財団法人

四　私立学校法第3条（定義）に規定する学校法人で学校（学校教育法第1条（定義）に規定する学校及び就学前の子どもに関する教育、保育等の総合的な提供の推進に関する法律（平成18年法律第77号）第2条第7項（定義）に規定する幼保連携型認定こども園をいう。以下この号において同じ。）の設置若しくは学校及び専修学校（学校教育法第124条（専修学校）に規定する専修学校で財務省令で定めるものをいう。以下この号において同じ。）若しくは各種学校（学校教育法第134条第1項（各種学校）に規定する各種学校で財務省令で定めるものをいう。以下この号において同じ。）の設置を主たる目的とするもの又は私立学校法第64条第4項（私立専修学校等）の規定により設立された法人

で専修学校若しくは各種学校の設置を主たる目的とするもの

五　社会福祉法第22条（定義）に規定する社会福祉法人

六　更生保護事業法第2条第6項（定義）に規定する更生保護法人

（特定公益増進法人に対する寄附金の特別損金算入限度額）

第77条の2　法第37条第4項（寄附金の損金不算入）に規定する政令で定めるところにより計算した金額は、次の各号に掲げる内国法人の区分に応じ当該各号に定める金額とする。

一　普通法人、協同組合等及び人格のない社団等（次号に掲げるものを除く。）　次に掲げる金額の合計額の2分の1に相当する金額

イ　当該事業年度終了の時における資本金等の額（当該資本金等の額が零に満たない場合には、零）を12で除し、これに当該事業年度の月数を乗じて計算した金額の1000分の3.75に相当する金額

ロ　当該事業年度の所得の金額の100分の6.25に相当する金額

二　普通法人、協同組合等及び人格のない社団等のうち資本又は出資を有しないもの、法別表第二に掲げる一般社団法人及び一般財団法人並びに財務省令で定める法人　当該事業年度の所得の金額の100分の6.25に相当する金額

2　前項各号に規定する所得の金額は、第73条第2項各号（一般寄附金の損金算入限度額）に掲げる規定を適用しないで計算した場合における所得の金額とする。

3　第1項各号に規定する所得の金額は、内国法人が当該事業年度において支出した法第37条第7項に規定する寄附金の額の全額は損金の額に算入しないものとして計算するものとする。

4　第1項の月数は、暦に従つて計算し、1月に満たない端数を生じたときは、これを切り捨てる。

5　内国法人が第1項各号に掲げる法人のいずれに該当するかの判定は、各事業年度終了の時の現況による。

法人税法施行規則

（昭和40年大蔵省令第12号）

最終改正：令和元年6月28日公布（令和元年財務省令第13号）改正

（学校において行なう技芸の教授のうち収益事業に該当しないものの範囲）

第7条　令第5条第1項第30号イ（技芸教授業）に規定する財務省令で定めるものは、次の各号に掲げる事項のすべてに該当する技芸の教授とする。

一　その修業期間（普通科，専攻科その他これらに準ずる区別がある場合には，それぞれの修業期間）が1年以上であること。

二　その1年間の授業時間数（普通科，専攻科その他これらに準ずる区別がある場合には，それぞれの授業時間数）が680時間以上であること（学校教育法第124条（専修学校）に規定する専修学校の同法第125条第1項（専修学校の課程）に規定する高等課程，専門課程又は一般課程にあってはそれぞれの授業時間数が800時間以上であること（夜間その他特別な時間において授業を行う場合には，その1年の授業時間数が450時間以上であり，かつ，その修業期間を通ずる授業時間数が800時間以上であること。））。

三　その施設（教員数を含む。）が同時に授業を受ける生徒数に比し十分であると認められること。

四　その教授が年2回をこえない一定の時期に開始され，かつ，その終期が明確に定められていること。

五　その生徒について学年又は学期ごとにその成績の評価が行なわれ，その結果が成績考査に関する表簿その他の書類に登載されていること。

六　その生徒について所定の技術を修得したかどうかの成績の評価が行なわれ，その評価に基づいて卒業証書又は修了証書が授与されていること。

（学校において行う学力の教授のうち収益事業に該当しないものの範囲）
第7条の2　令第5条第1項第30号ロ（学力の教授業）に規定する財務省令で定めるものは，前条各号に掲げる事項のすべてに該当する学力の教授及び次の各号に掲げる事項のいずれかに該当する学力の教授とする。

一　学校教育法の規定による大学の入学者を選抜するための学力試験に直接備えるための学力の教授で，前条各号に掲げる事項のすべてに該当する学力の教授を行う同法第1条（学校の範囲）に規定する学校，同法第124条（専修学校）に規定する専修学校又は同法第134条第1項（各種学校）に規定する各種学校（次号において「学校等」という。）において行われるもののうちその教科又は課程の授業時間数が30時間以上であるもの

二　前号に掲げるもののほか，学校等において行われる学力の教授で，次に掲げる事項のすべてに該当するもの

イ　その教科又は課程の授業時間数が60時間以上であること。

ロ　その施設（教員数を含む。）が同時に授業を受ける生徒数に比し十分であると認められること。

ハ　その教授が年3回を超えない一定の時期に開始され，かつ，その終期が明確に定められていること。

法人税法基本通達

（委託契約等による事業）

15-1-2　公益法人等の行う事業につき次に掲げるような事情がある場合には，その公益法人等が自ら収益事業を行っているものとして取り扱うことになるのであるから留意する。（昭56年直法2-16「七」により追加，平15年課法2-7「五十三」，平19年課法2-5「九」，平20年課法2-5「二十九」により改正）

(1)　公益法人等が収益事業に該当する事業に係る業務の全部又は一部を委託契約に基づいて他の者に行わせている場合

(2)　公益法人等が，収益事業に該当する事業を行うことを目的とする組合契約（匿名組合契約を含む。）その他これに類する契約に基づいて当該事業に関する費用及び損失を負担し，又はその収益の分配を受けることとしているため，実質的に自ら当該事業を行っていると認められる場合

(3)　公益法人等が受益者等課税信託の受益者（法第12条第2項《信託財産に属する資産及び負債並びに信託財産に帰せられる収益及び費用の帰属》の規定により，同条第1項に規定する受益者とみなされる者を含む。）である場合において，当該信託に係る受託者における当該信託財産に係る事業が令第5条第1項各号《収益事業の範囲》に掲げる事業のいずれかに該当するとき

（付随行為）

15-1-6　令第5条第1項《収益事業の範囲》に規定する「その性質上その事業に附随して行われる行為」とは，例えば次に掲げる行為のように，通常その収益事業に係る事業活動の一環として，又はこれに関連して行われる行為をいう。（昭56年直法2-16「七」，平20年課法2-5「二十九」により改正）

(1)　出版業を行う公益法人等が行うその出版に係る業務に関係する講演会の開催又は当該業務に係る出版物に掲載する広告の引受け

(2)　技芸教授業を行う公益法人等が行うその技芸の教授に係る教科書その他これに類する教材の販売及びバザーの開催

　　(注)　教科書その他これに類する教材以外の出版物その他の物品の販売に係る収益事業の判定については，15-1-10に定めるところによる。

(3)　旅館業又は料理店業を行う公益法人等がその旅館等において行う会議等のための席貸し

(4)　興行業を行う公益法人等が放送会社に対しその興行に係る催し物の放送をすることを許諾する行為

⑸　公益法人等が収益事業から生じた所得を預金，有価証券等に運用する行為

⑹　公益法人等が収益事業に属する固定資産等を処分する行為

（収益事業の所得の運用）

15−1−7　公益法人等が，収益事業から生じた所得を預金，有価証券等に運用する場合においても，当該預金，有価証券等のうち当該収益事業の運営のために通常必要と認められる金額に見合うもの以外のものにつき収益事業以外の事業に属する資産として区分経理をしたときは，その区分経理に係る資産を運用する行為は，15−1−6にかかわらず，収益事業に付随して行われる行為に含めないことができる。（昭56年直法2−16「七」，平11年課法2−9「二十一」，平15年課法2−7「五十三」，平19年課法2−3「四十一」，平20年課法2−5「二十九」，平22年課法2−1「三十九」により改正）

（注）　この場合，公益法人等（人格のない社団等並びに非営利型法人及び規則第22条の4各号に掲げる法人を除く。）のその区分経理をした金額については，法第37条第5項《公益法人等のみなし寄附金》の規定の適用がある。

（物品販売業の範囲）

15−1−9　令第5条第1項第1号《物品販売業》の物品販売業には，公益法人等が自己の栽培，採取，捕獲，飼育，繁殖，養殖その他これらに類する行為（以下15−1−22において「栽培等」という。）により取得した農産物等（農産物，畜産物，林産物又は水産物をいう。以下15−1−27までにおいて同じ。）をそのまま又は加工を加えた上で直接不特定又は多数の者に販売する行為が含まれるが，当該農産物等（出荷のために最小限必要とされる簡易な加工を加えたものを含む。）を特定の集荷業者等に売り渡すだけの行為は，これに該当しない。（昭56年直法2−16「七」，平24年課法2−17「六」により改正）

（注）

1　同号括弧書の「通常物品といわないもの」には，動植物のほか，郵便切手，収入印紙，物品引換券等が含まれるが，有価証券及び手形はこれに含まれない。

2　公益法人等が一定の時期又は一定の条件の下に販売する目的で特定の物品を取得し，これを保有するいわゆる備蓄事業等に係る業務は，物品販売業に含まれる。

3　公益法人等がその会員等に対して有償で物品の頒布を行っている場合であっても，当該物品の頒布が当該物品の用途，頒布価額等からみて専ら会員等からその事業規模等に応じて会費を徴収する手段として行われているものであると認められるときは，当該物品の頒布は，物品販売業に該当しない。

（宗教法人，学校法人等の物品販売）

15-1-10 宗教法人，学校法人等が行う物品の販売が令第5条第1項第1号《物品販売業》の物品販売業に該当するかどうかについては，次に掲げる場合には，それぞれ次による。（昭56年直法2-16「七」により改正）

　(1)　宗教法人におけるお守り，お札，おみくじ等の販売のように，その売価と仕入原価との関係からみてその差額が通常の物品販売業における売買利潤ではなく実質は喜捨金と認められる場合のその販売は，物品販売業に該当しないものとする。ただし，宗教法人以外の者が，一般の物品販売業として販売できる性質を有するもの（例えば，絵葉書，写真帳，暦，線香，ろうそく，供花等）をこれらの一般の物品販売業者とおおむね同様の価格で参詣人等に販売している場合のその販売は，物品販売業に該当する。

　(2)　学校法人等が行う教科書その他これに類する教材以外の出版物の販売は，物品販売業に該当する。

　　(注)　ここでいう「教科書その他これに類する教材」とは，教科書，参考書，問題集等であって，学校の指定に基づいて授業において教材として用いるために当該学校の学生，生徒等を対象として販売されるものをいう。

　(3)　学校法人等が行うノート，筆記具等の文房具，布地，糸，編糸，食料品等の材料又はミシン，編物機械，ちゅう房用品等の用具の販売は，たとえこれらの物品が学校の指定に基づいて授業において用いられるものである場合であっても，物品販売業に該当する。

　(4)　学校法人等が行う制服，制帽等の販売は，物品販売業に該当する。

　(5)　学校法人等が行うバザーで年1，2回開催される程度のもの（15-1-6の(2)に該当するものを除く。）は，物品販売業に該当しないものとする。

（金銭貸付業の範囲）

15-1-14　令第5条第1項第3号《金銭貸付業》の金銭貸付業は，その貸付先が不特定又は多数の者である金銭の貸付けに限られないことに留意する。（昭56年直法2-16「七」により追加）

　　(注)　ここでいう「金銭の貸付け」には，手形の割引が含まれるが，公益法人等が余裕資金の運用等として行ういわゆる有価証券の現先取引に係る行為はこれに含まれないものとする。

（金銭貸付業に該当しない共済貸付け）

15-1-15　公益法人等が，その組合員，会員等の拠出に係る資金を主たる原資とし，当該組合員，会員等を対象として金銭の貸付けを行っている場合において，その貸付けに係る貸付金の利率が全て年7.3％（契約日の属する年の措置法第93条第2項《利子税の割合の特例》

に規定する特例基準割合が年7．3％未満である場合には，当該特例基準割合。以下15-1-
15において「基準割合」という。）以下であるときは，当該組合員，会員等に対する金銭の
貸付けは,15-1-14にかかわらず，令第5条第1項第3号《金銭貸付業》の金銭貸付業に
該当しないものとして取り扱う。当該貸付けに係る貸付金の利率が変動金利である場合に
は，当該貸付けに係る契約期間における金利がおおむね基準割合以下となるときに限り金
銭貸付業に該当しないものとして取り扱う。(昭45年直審（法）58「7」，昭56年直法2-
16「七」，平15年課法2-7「五十三」，平23年課法2-17「三十二」，平25年課法2-4「八」
により改正)

(物品貸付業の範囲)

15-1-16　例えば旅館における遊技用具の貸付け，ゴルフ練習場，スケート場等における用
　具の貸付け，遊園地における貸ボート等のように，旅館業，遊技所業等に係る施設内にお
　いて使用される物品の貸付けは，それぞれの旅館業，遊技所業等の範囲に含まれ，令第5
　条第1項第4号《物品貸付業》の物品貸付業には含まれないことに留意する。(昭56年直
　法2-16「七」により追加，平24年課法2-17「六」，平30年課法2-8「二十」により改正)
　(注)　著作権，工業所有権，ノウハウ等は，同号括弧書の「通常物品といわないもの」に含
　　まれない。

(不動産貸付業の範囲)

15-1-17　令第5条第1項第5号《不動産貸付業》の不動産貸付業には，店舗の一画を他の
　者に継続的に使用させるいわゆるケース貸し及び広告等のために建物その他の建造物の屋
　上，壁面等を他の者に使用させる行為が含まれる。(昭56年直法2-16「七」により追加)
　(注)　他の者に不動産を使用させる行為であっても，同項第9号《倉庫業》，第14号《席貸業》，
　　第27号《遊技所業》又は第31号《駐車場業》に掲げる事業のいずれかに該当するものは，
　　不動産貸付業に含まれないことに留意する。

(製造業の範囲)

15-1-22　公益法人等が，製造場，作業場等の施設を設け，自己の栽培等により取得した農
　産物等につき出荷のために最小限必要とされる簡易な加工の程度を超える加工を加え，又は
　これを原材料として物品を製造して卸売する行為は，令第5条第1項第6号《製造業》の
　製造業に該当する。(昭56年直法2-16「七」により追加)

(通信業の範囲)

15-1-24　令第5条第1項第7号《通信業》の通信業（放送業を含む。）とは，他人の通信を

媒介若しくは介助し，又は通信設備を他人の通信の用に供する事業及び多数の者によって直接受信される通信の送信を行う事業をいうのであるから，無線呼出業務，電報の集配業務，郵便物又は信書便物の集配業務，公衆電話サービス業務（いわゆる赤電話等）及び共同聴取聴視業務（いわゆる共同アンテナ）に係る事業もこれに含まれることに留意する。(昭56年直法2-16「七」により追加，平17年課法2-14「十七」により改正)

（運送業の範囲）

15-1-25　令第5条第1項第8号《運送業》の運送業には，リフト，ロープウェイ等の索道事業が含まれるが，自動車道事業，運河業及び桟橋業はこれに含まれない。(昭56年直法2-16「七」により追加)

（請負業の範囲）

15-1-27　令第5条第1項第10号《請負業》の請負業には，事務処理の委託を受ける業が含まれるから，他の者の委託に基づいて行う調査，研究，情報の収集及び提供，手形交換，為替業務，検査，検定等の事業（国等からの委託に基づいて行うこれらの事業を含み，同号イからニまでに掲げるものを除く。）は請負業に該当するが，農産物等の原産地証明書の交付等単に知っている事実を証明するだけの行為はこれに含まれない。(昭56年直法2-16「七」により追加，平16年課法2-14「十五」により改正)

（実費弁償による事務処理の受託等）

15-1-28　公益法人等が，事務処理の受託の性質を有する業務を行う場合においても，当該業務が法令の規定，行政官庁の指導又は当該業務に関する規則，規約若しくは契約に基づき実費弁償（その委託により委託者から受ける金額が当該業務のために必要な費用の額を超えないことをいう。）により行われるものであり，かつ，そのことにつきあらかじめ一定の期間（おおむね5年以内の期間とする。）を限って所轄税務署長（国税局の調査課所管法人にあっては，所轄国税局長。以下15-1-53において同じ。）の確認を受けたときは，その確認を受けた期間については，当該業務は，その委託者の計算に係るものとして当該公益法人等の収益事業としないものとする。(昭56年直法2-16「七」，平21年課法2-5「十五」により改正)

(注)　非営利型法人が1-1-11の確認を受けている場合には，本文の確認を受けたものとみなす。

（印刷業の範囲）

15-1-30　令第5条第1項第11号《印刷業》の印刷業には，謄写印刷業，タイプ孔版印刷業

及び複写業のほか，製版業，植字業，鉛版等製造業，銅版又は木版彫刻業，製本業，印刷物加工業等が含まれる。(昭56年直法2-16「七」により追加)

(席貸業の範囲)

15-1-38　令第5条第1項第14号イ《席貸業》に規定する「不特定又は多数の者の娯楽，遊興又は慰安の用に供するための席貸業」には，興行(15-1-53により興行業に該当しないものとされるものを含む。)を目的として集会場，野球場，テニスコート，体育館等を利用する者に対してその貸付けを行う事業(不動産貸付業に該当するものを除く。)が含まれることに留意する。(昭56年直法2-16「七」により追加，昭59年直法2-3「九」により改正)
(注)　展覧会等のための席貸しは，同号イの娯楽，遊興又は慰安の用に供するための席貸しに該当する。

(旅館業の範囲)

15-1-39　令第5条第1項第15号《旅館業》の旅館業には，下宿営業のほか，旅館業法による旅館業の許可を受けないで宿泊させ，宿泊料(その実質が宿泊料であると認められるものを含む。以下15-1-42までにおいて同じ。)を受ける事業が含まれる。したがって，例えば宗教法人が宿泊施設を有し，信者又は参詣人を宿泊させて宿泊料を受けるような行為も，15-1-42に該当するものを除き，旅館業に該当する。(昭56年直法2-16「七」により改正)

(学校法人等の経営する寄宿舎)

15-1-41　学校法人等が専らその学校に在学する者を宿泊させるために行う寄宿舎の経営は，令第5条第1項第15号《旅館業》の旅館業に該当しないものとする。ただし，令第5条第1項第30号《技芸教授業》の技芸教授業を行う公益法人等が当該技芸教授業に付随して行う寄宿舎の経営については，この限りでない(昭56年直法2-16「七」，平20年課法2-5「二十九」により改正)。

(低廉な宿泊施設)

15-1-42　公益法人等が専ら会員の研修その他その主たる目的とする事業(収益事業に該当する事業を除く。以下15-1-42において同じ。)を遂行するために必要な施設として設置した宿泊施設で，次の要件の全てを満たすものの経営は，15-1-41のただし書に該当するものを除き，令第5条第1項第15号《旅館業》の旅館業に該当しないものとする。(昭56年直法2-16「七」により追加，平23年課法2-17「三十二」により改正)
(1)　その宿泊施設の利用が専ら当該公益法人等の主たる目的とする事業の遂行に関連してなされるものであること。

⑵　その宿泊施設が多人数で共用する構造及び設備を主とするものであること。

⑶　利用者から受ける宿泊料の額が全ての利用者につき1泊1,000円（食事を提供するものについては，2食付きで1,500円）以下であること。

（飲食店業の範囲）

15-1-43　令第5条第1項第16号《飲食店業》の料理店業その他の飲食店業には，他の者からの仕出しを受けて飲食物を提供するものが含まれることに留意する。（昭56年直法2-16「七」により追加，平19課法2-17「二十九」，平28年課法2-11「九」により改正）

（注）　学校法人がその設置する小学校，中学校，義務教育学校，特別支援学校等において学校給食法等の規定に基づいて行う学校給食の事業は，料理店業その他の飲食店業に該当しない。

（代理業の範囲）

15-1-45　令第5条第1項第18号《代理業》の代理業とは，他の者のために商行為の代理を行う事業をいい，例えば保険代理店，旅行代理店等に係る事業がこれに該当する。（昭56年直法2-16「七」により追加）

（遊技所業の範囲）

15-1-54　令第5条第1項第27号《遊技所業》の遊技所業とは，野球場，テニスコート，ゴルフ場，射撃場，釣り堀，碁会所その他の遊技場を設け，これをその用途に応じて他の者に利用させる事業（席貸業に該当するものを除く。）をいい，いわゆる会員制のものが含まれる。（昭56年直法2-16「七」により改正）

（医療保健業の範囲）

15-1-56　令第5条第1項第29号《医療保健業》の医療保健業には，療術業，助産師業，看護業，歯科技工業，獣医業等が含まれる。（昭56年直法2-16「七」，平15年課法2-7「五十三」により改正）

【参考文献等】

『非営利法人の消費税　学校法人，公益法人，宗教法人，ＮＰＯ法人等の申告実務（第６版）』齋藤力夫編著（中央経済社）

『学校法人会計のすべて　会計基準と税務の詳解（第３版）』齋藤力夫編著（税務経理協会）

『法人税基本通達逐条解説（九訂版）』佐藤有一郎編著（税務研究会出版局）

『ワークシート方式による公益法人等，国・地方公共団体の消費税』中田ちず子著（税務研究会出版局）

『学校法人会計の仕組みと決算書の見方』梶間栄一著（ぎょうせい）

『子ども・子育て支援新制度の会計・税務・労務』税理士法人ゆびすい編著（税務研究会出版局）

『学校法人税務の取扱いＱ＆Ａ』日本公認会計士協会東京会編（日本公認会計士協会出版局）

『非営利法人の税務と会計（８訂版）』中田公認会計士事務所編集（大蔵財務協会）

「幼児教育・保育の無償化に関する自治体向けＦＡＱ（2019 年 7 月 31 日版）」内閣府

ＴＡＩＮＳ（日税連税法データベース）ホームページ　ｈｔｔｐ：／／ｗｗｗ．ｔａｉｎｓ．ｏｒｇ／

『実務税法六法（令和元年度）』（新日本法規）

『税務六法』日本税理士会連合会編集（ぎょうせい）

『勘定科目別の事例による消費税の課非判定と仕訳処理（七訂版）』上杉秀文著（税務研究会出版局）

『令和元年版　図解消費税』森田修（大蔵財務協会）

『令和元年版　印紙税法基本通達逐条解説』川崎令子編（大蔵財務協会）

『改訂第２版　社会福祉法人の会計実務』永田智彦・田中正明（ＴＫＣ出版）

【著者紹介】

齋藤　力夫

公認会計士・税理士

東京理科大学講師，東京経営短期大学学長，聖徳大学教授等

日本公認会計士協会常務理事，日本公認会計士協会公益法人委員会委員長及び学校法人委員会委員長，文部科学省学校法人運営調査委員会委員，文部科学省独立行政法人評価委員，総務省公益法人会計基準検討会委員，厚生労働省社会福祉法人会計基準検討委員会研究班委員他を歴任。

旭日双光章受章。文部大臣教育功労章受章。

現在，（公財）日本高等教育評価機構監事，（一財）短期大学基準協会監事，（一財）職業教育・キャリア教育財団監事，（公財）埼玉県私学振興財団理事，（一財）職業会計人ＯＡ協会会長，斎藤総合税理士法人会長。

【主な著書】

『学校法人の会計』（学陽書房，共著）

『学校法人の税務』（学陽書房，共著）

『最新学校法人会計詳解』（高文堂，編著）

『病医院の会計と経営』（医歯薬出版）

『病医院の税務』（医歯薬出版）

『NPO 法人のすべて』（税務経理協会，共著）

『社会福祉法人の会計と税務の要点』（税務経理協会，編著）

『税務会計の理論と実務』（税務経理協会，編著）

『公益法人会計』（中央経済社，共著）

『労働組合会計』（中央経済社，共著）

『非営利法人の消費税』（中央経済社，単著）

『宗教法人会計の理論と実務』（中央経済社，単著）

『学校会計入門』（中央経済社，編著）

『学校法人財務諸規程ハンドブック』（学校経理研究会，編著）

『私学運営実務のすべて』（学校経理研究会，編著）

『Ｑ＆Ａ中間法人の設立・運営の実務』（新日本法規出版，共著）　その他多数

小栗　一徳

公認会計士・税理士・米国公認会計士（デラウェア州）

慶応義塾大学法学部法律学科卒業

平成7年公認会計士登録，平成23年税理士登録

　数多くの学校法人（幼稚園，大学設置法人），社会福祉法人（保育所，介護施設，障害者施設）の会計・税務の助言・指導を行っている。

著者との契約により検印省略

令和2年2月25日　初版第1刷発行　学校法人税務入門

著　者　齋　藤　力　夫
　　　　小　栗　一　徳
発行者　大　坪　克　行
印刷所　光栄印刷株式会社
製本所　牧製本印刷株式会社

発行所　〒161-0033 東京都新宿区
　　　　下落合2丁目5番13号

株式会社　税務経理協会

振替　00190-2-187408
FAX　(03) 3565-3391
電話　(03) 3953-3301（編集部）
　　　(03) 3953-3325（営業部）
URL　http://www.zeikei.co.jp/
乱丁・落丁の場合は，お取替えいたします。

ISBN978-4-419-06682-6　　C3032